Nationalsozialismus und Drittes Reich

Kompaktwissen Geschichte

Herausgegeben von Gerhard Henke-Bockschatz

Nationalsozialismus und Drittes Reich

Von Volker Habermaier

Reclam

RECLAMS UNIVERSAL-BIBLIOTHEK Nr. 17086
2015 Philipp Reclam jun. Verlag GmbH,
Siemensstraße 32, 71254 Ditzingen
info@reclam.de
Gestaltung: Cornelia Feyll, Friedrich Forssman
Druck und Bindung: Elanders Waiblingen GmbH,
Anton-Schmidt-Straße 15, 71332 Waiblingen
Printed in Germany 2026
RECLAM, UNIVERSAL-BIBLIOTHEK und
RECLAMS UNIVERSAL-BIBLIOTHEK sind eingetragene Marken
der Philipp Reclam jun. GmbH & Co. KG, Stuttgart
ISBN 978-3-15-017086-1
reclam.de

Inhalt

Einleitung

Mehr als acht Jahrzehnte sind seit dem Tag vergangen, als Adolf Hitler am 30. Januar 1933 zum Kanzler des Deutschen Reiches ernannt wurde. »Machtergreifung« wird bis heute häufig dieses Ereignis genannt, doch in Wahrheit war Hitler zum Chef einer Koalitionsregierung ernannt worden, in der Konservative die Mehrheit der Kabinettsmitglieder stellten; »Machtübertragung« ist der treffendere Ausdruck.

Innerhalb weniger Monate bauten die Nationalsozialisten eine Diktatur auf der Grundlage von Hitlers antidemokratischer und rassistischer Ideologie auf. Innerhalb weniger Monate gelang den Nationalsozialisten die »Gleichschaltung« staatlicher Einrichtungen, Parteien und Interessensvereinigungen, bis zur Vereinigung der Ämter von Reichspräsident und Reichskanzler nach dem Tod des Reichspräsidenten Paul von Hindenburg am 2. August 1934. Seine bereits seit 1919 formulierten Ziele – »Lebensraum im Osten« und »Entfernung des Judentums« – setzte Hitler Schritt für Schritt um. Der Zweite Weltkrieg (1939–1945) und der Mord an etwa 6 Millionen europäischer Juden waren nur die schrecklichsten Ergebnisse der nationalsozialistischen Politik.

Als am 7./9. Mai 1945 – wenige Tage nach Hitlers Selbstmord – das Deutsche Reich seine bedingungslose Kapitulation erklärte, war die weltpolitische Lage grundlegend verändert: Die Vorherrschaft der europäischen Staaten wurde durch den Gegensatz zwischen den demokratisch-kapitalistischen USA und der sozialistisch-zentralwirtschaftlichen UdSSR abgelöst. Das Deutsche Reich hörte auf zu bestehen, wurde unter den vier Siegermächten USA, UdSSR, Frankreich und Großbritannien aufgeteilt und verlor einen Teil seines Territoriums. Millionen Menschen hatten ihr Leben verloren, ein großer Teil Europas war zerstört, und die Wirtschaft Deutschlands sowie der vom Deutschen Reich eroberten Gebiete lag am Boden.

Bis heute prägt die Geschichte des Dritten Reiches die öffentliche Diskussion in Deutschland, auch wenn der Kalte Krieg zwischen den USA und der UdSSR beendet ist und die beiden deutschen Staaten, die 1949 gegründet wurden, wiedervereinigt sind. Kaum eine Woche vergeht, in der die nationalsozialistische Vergangenheit nicht für Schlagzeilen sorgt: Da werden etwa deutsche Politiker in der Euro-Krise in NS-Uniform dargestellt, letzte Kriegsverbrecher vor Gericht gestellt und die Morde Rechtsradikaler (NSU = Nationalsozialistischer Untergrund) an meist türkischstämmigen Einwohnern Deutschlands vor Gericht verhandelt. Immer wieder wird die Jugendzeit von Prominenten in der NS-Zeit kritisch durchleuchtet – vom emeritierten Papst Benedikt XVI. bis zum Literaturnobelpreisträger Günter Grass. Die Beispiele können durch einen Blick in die aktuellen Nachrichten fortgesetzt werden.

Über allem aber steht die Frage, wie das alles habe geschehen können, steht die Überlegung, was zu tun sei, dass es nicht wieder geschehe. Am Beginn der wissenschaftlichen und, darauf aufbauend, der geschichtsdidaktischen Beschäftigung mit der Geschichte des NS-Reiches stand eher die Betonung der Rolle Hitlers. Heute wird dagegen die Verantwortung der Funktionäre auf allen Ebenen sowie der Bevölkerung untersucht. Die Frage, ob Hitler ein starker oder ein »schwacher Diktator« (Mommsen 1971, 702) gewesen sei, wird überlagert von der Feststellung, dass viele Menschen Hitler »entgegen gearbeitet« hätten (Kershaw 2000a, 56).

Der Publizist Sebastian Haffner schrieb 1978 von »Leistungen« und »Erfolgen« der Nationalsozialisten in den ersten Jahren ihrer Diktatur (Haffner, 34 und 62). Wenn diese Begrifflichkeit angesichts der Gesamtgeschichte des Dritten Reiches auch fragwürdig ist, so weist Haffner doch auf die Verführungskraft politischer und ökonomischer Entwicklungen unter der Herrschaft Hitlers hin. Von »Verführung und Gewalt« spricht der Historiker Hans-Ulrich Thamer. Er deutet damit einerseits die Zustimmung der Deutschen zur Politik der Nationalsozialisten an, die vielen von ihnen ein besseres Leben als in den Jahren der Weltwirtschaftskrise nach 1929 zu ermöglichen schien. Andererseits macht er die Gegenrechnung auf: Die Beendigung der politischen Instabilität der letzten Jahre der Weimarer Republik und die wirtschaftliche Erholung Deutschlands nach 1933 – nicht zuletzt aufgrund der guten Entwicklung der Weltwirtschaft – wurden mit dem Verlust der Demokratie und der Unterwerfung unter die NS-Diktatur teuer bezahlt. Sie wurden bezahlt durch einen Krieg, den Hitler schon im Februar 1933 angedeutet hatte, und die Verfolgung und Ermordung aller Menschen, denen die Nationalsozialisten das Recht absprachen, zur »Volksgemeinschaft« zu gehören (Gegner des NS-Staats, Juden, Sinti und Roma, Homosexuelle, Behinderte und andere).

Dass der Herrschaft der Nationalsozialisten dennoch bis 1945 nur wenig Widerstand entgegengebracht wurde, gehört zu den kaum erklärbaren Phänomenen des Dritten Reiches und belastet die Geschichte Deutschlands nach 1945, letztlich bis heute.

Noch ein Hinweis an den Leser: Dem nationalsozialistischen Mord an den europäischen Juden wird ein eigener Band in der Reihe »Kompaktwissen Geschichte« gewidmet sein. Einige grundlegende Informationen zur Shoa sind in das Kapitel zum Zweiten Weltkrieg integriert.

Zeittafel

1933

30. Januar	Adolf Hitler wird Reichskanzler
28. Februar	»Reichstagsbrandverordnung«
21. März	Staatsakt in der Potsdamer Garnisonkirche
23. März	Ermächtigungsgesetz
1. April	Von der NSDAP organisierter Boykott der jüdischen Geschäfte
22. Juni	Verbot der SPD; die anderen Parteien lösen sich bis 5. Juli selbst auf
14. Juli	Gesetz gegen die Neubildung von Parteien. Gesetz zur Verhütung erbkranken Nachwuchses
20. Juli	Reichskonkordat
29. September	Reichserbhofgesetz

1934

30. Juni	Liquidierung der SA-Führung
2. August	Tod des Reichspräsidenten v. Hindenburg, Vereinigung seines Amtes mit dem des Reichskanzlers

1935

16. März	Proklamation der allgemeinen Wehrpflicht
15. September	»Nürnberger Gesetze«

1936

25. November	Antikominternpakt
1. Dezember	Gesetz über die Hitlerjugend

1937

5. November	Besprechung Hitlers mit den Oberbefehlshabern und dem Reichsaußenminister über die deutsche Außenpolitik (»Hoßbach-Protokoll«)

1938

12. März	Einmarsch deutscher Truppen in Österreich (»Anschluss«)
30. Mai	Hitlers Weisung zum militärischen Vorgehen gegen die Tschechoslowakei (»Fall Grün«)
29. September	Münchner Konferenz beschließt die Überlassung der sudetendeutschen Gebiete an das Reich
9. November	Von der Partei organisierte Pogrome in ganz Deutschland

1939

23. August	Deutsch-sowjetischer Nichtangriffspakt mit geheimem Zusatzprotokoll
1. September	Deutscher Angriff auf Polen
3. September	Kriegserklärung der Westmächte
Oktober	Erlass Hitlers über die Tötung unheilbar Kranker

1940

9. April	Deutsche Besetzung von Dänemark und Norwegen
10. Mai	Beginn der deutschen Offensive gegen die Niederlande, Belgien und Frankreich
22. Juni	Deutsch-französischer Waffenstillstand
18. Dezember	Hitlers Weisung zur Vorbereitung eines Feldzugs gegen die Sowjetunion (»Fall Barbarossa«)

1941

6. Juni	Befehl des Oberkommandos der Wehrmacht über die Tötung politischer Kommissare der Roten Armee
22. Juni	Beginn des Angriffs auf die Sowjetunion
31. Juli	Weisung Görings an Reinhard Heydrich, »eine Gesamtlösung der Judenfrage in Europa« vorzubereiten
1. September	Einführung des Judensterns
11. Dezember	Deutsche Kriegserklärung an die USA

1942

20. Januar	Wannsee-Konferenz über die »Endlösung der Judenfrage«
Juni	Beginn der Flugblattaktion der »Weißen Rose«
19. November	Beginn der sowjetischen Offensive zur Einschließung Stalingrads

1943

3. Februar	Einstellung der letzten Kämpfe in Stalingrad
18. Februar	Rede von Joseph Goebbels im Berliner Sportpalast zum »totalen Krieg«

1944

6. Juni	Landung alliierter Truppen in Frankreich
3. Juli	Zusammenbruch der Heeresgruppe Mitte an der Ostfront
20. Juli	Attentat v. Stauffenbergs auf Hitler
11. September	Im Westen wird die Reichsgrenze von alliierten Truppen erreicht

1945

23. Januar	Die Rote Armee erreicht in Schlesien die Oder
30. April	Selbstmord Hitlers
8. Mai	Kapitulation der deutschen Wehrmacht

I Darstellung

1 Machtübertragung und »Machtergreifung«

Am 30. Januar 1933 ernannte Reichspräsident Paul von Hindenburg den Führer der NSDAP (Nationalsozialistische Deutsche Arbeiterpartei) als Nachfolger des Konservativen Kurt von Schleicher zum Reichskanzler des Deutschen Reiches. Neben Hitler waren nur Innenminister Wilhelm Frick und der Minister ohne Geschäftsbereich Hermann Göring Nationalsozialisten. Die anderen Minister hatten bereits im Vorjahr Franz von Papens »Kabinett der Barone« angehört.

Die NSDAP war 1920 aus einer der vielen rechten Splitterparteien Bayerns hervorgegangen und hatte überregionale Bedeutung durch Adolf Hitler, einen ihrer Redner, erlangt. 1921 hatte Hitler den Parteivorsitz übernommen und sich in der Partei mit unbeschränkten Vollmachten ausstatten lassen. Nach einem Putschversuch war sie 1923 verboten, doch zwei Jahre später neugegründet worden mit dem Ziel, die Macht nunmehr auf legalem Wege zu erobern. Während der Weltwirtschaftskrise war ihr rascher Aufstieg erfolgt, bis sie schließlich im Juli 1932 die stärkste Fraktion im Reichstag stellte. Allerdings war bei der zweiten Reichstagswahl im November 1932 ihr Stimmenanteil zurückgegangen. Das Programm der NSDAP war eine Mischung der verschiedensten Elemente. Verbindend war die Positionierung gegen die Weimarer Republik und damit antiparlamentarisches, antiliberales, antikommunistisches und antisemitisches Gedankengut (Quelle 1). »Innerhalb langer Perioden der Menschheit«, so Hitler in seiner Programmschrift *Mein Kampf* von 1924, »kann es dann einmal vorkommen, dass sich der Politiker mit dem Programmatiker vermählt.« Der Historiker Eberhard Jäckel, der 1969 *Hitlers Weltanschauung* untersucht hat, wies darauf hin, dass wohl selten in der Geschichte ein Herrscher vor Machtantritt so genau wie Hitler schriftlich entworfen habe, was er danach tat.

Die nationalsozialistische Ideologie griff auf viele schon vorhandene rechtsradikale Denkfiguren zurück. Aber erst durch ihre Verdichtung und Zuspitzung vor allem in Hitlers *Mein Kampf* und dem (nie mehr geänderten) Programm der NSDAP von 1920 wurden diese Gedanken zu einem geschlossenen Weltbild – Jäckel nennt dies »Weltanschauung« – geformt. Im Vergleich mit anderen Ideologien freilich, vor allem der des Marxismus, ist die NS-Programmatik nicht wesentlich entwickelt worden.

Ein erster ideologischer Kampfbegriff war die Verbindung von Nationalismus und Sozialismus im Parteinamen. Damit richtete sich die Partei gegen die konservativen Nationalen, die eine Wiederkehr des Kaiserreichs erträumten, und die Kommunisten, die nach sowjetischem Vorbild auf eine sozialistische Revolution hinarbeiteten. Allerdings war auch dieser Begriff keine Erfindung der NSDAP, sondern griff auf Vorläufer des späten 19. Jahrhunderts zurück, etwa auf den Liberalen Friedrich Naumann, der versucht hatte, Arbeiter und Kaiserreich miteinander zu versöhnen; das Nationale, die Ausdehnung deutschen Einflusses auf die ganze Welt, und das Soziale, die Ausdehnung des Einflusses der »arbeitenden Menge« auf die gesamte Bevölkerung, gehörten zusammen. Die schon inhaltlich problematische Kombination eines nationalen Sozialismus wurde von der Parteiführung der NSDAP denn auch nie konkretisiert, um sich größtmögliche Handlungsoptionen offenzuhalten.

Dem Bedürfnis vieler Deutscher nach einer starken Staatsführung kam das nationalsozialistische »Führerprinzip« entgegen: Staat und Gesellschaft sollten streng hierarchisch organisiert sein. Ausschlaggebend sollten dabei die Prinzipien einer sozialdarwinistisch verstandenen Auslese der »Besten« und von »Befehl« und »Gehorsam« sein. Jeder war nur dem ihm übergeordneten »Führer« verantwortlich – und über allen stand der »Führer« Adolf Hitler.

Ebenfalls auf eine aus dem späten 19. Jahrhundert stammende Vorstellung ging der Gedanke der »Volksgemeinschaft« zurück, die Hitler als rein deutsche, klassenlose, nur nach Berufsständen gegliederte Gesellschaft verstand. Darin war zugleich der Rassismus der Nationalsozialisten begründet, der alle Nichtdeutschen von der »Volksgemeinschaft« ausschloss. Die Aufgabe dieser »Kampfgemeinschaft« sollte in einem »natürlichen« Auslesekrieg der Völker die Eroberung von »Lebensraum« für die Deutschen sein (Quelle 2). Bereits in seinen frühesten Schriften hatte Hitler auf pseudowissenschaftliche »rassenbiologische« Vorstellungen der Jahrhundertwende zurückgegriffen, nach denen der »arischen« als »kulturtragender Rasse« der höchste Wert zukommen und sie über Slawen und Juden als »zersetzende Rassen« herrschen sollte. Wer Jude war, bestimmte nach NS-Ideologie nicht mehr die Zugehörigkeit zu einer Religion, sondern rein biologische Kriterien. Indem Hitler sowohl dem Kommunismus als auch dem Kapitalismus vorwarf, sie seien von Juden »zersetzt«, die in ihrem Gewand die »Weltherrschaft« anstrebten, verband er seine antikommunistischen und antidemokratischen politischen Ziele mit den rassenbiologischen Vorstellungen (Quelle 3). Selbst der Mord an den europäischen Juden tauchte bereits in Hitlers frühen Schriften auf, noch – bezeichnend für seine Programmatik – verklausuliert formuliert, um möglichst viele Handlungsmöglichkeiten zu haben.

Der Historiker Eberhard Jäckel fasste in *Hitlers Weltanschauung* zwei Lebensziele Hitlers zusammen, die dieser, einmal an der Macht, systematisch umgesetzt habe: die »Eroberung von Raum« und »die Entfernung der Juden« (Jäckel 1986a, 7). Bereits 1919, in seiner ersten erhaltenen politischen Äußerung, hatte Hitler geschrieben, das letzte Ziel des Antisemitismus müsse »unverrückbar die Entfernung der Juden überhaupt sein« (zitiert nach Jäckel 1986, 89). Und noch im »Politischen Testament«, das wenige Stunden vor Hitlers Selbstmord am 30. April 1945 entstand, wird das »internationale Judentum« als »der eigentlich Schuldige an diesem mörderischen Ringen« des Krieges bezeichnet, das »seine Schuld zu büßen« habe (Quelle 28).

Die Vorgängerkabinette der neuen Regierung vom 30. Januar 1933 – die Regierungen unter den Reichskanzlern Heinrich Brüning (März 1930 bis Juni 1932), Franz von Papen (Juni bis Dezember 1932) und Kurt von Schleicher (Dezember 1932 bis Januar 1933) – hatten keine Mehrheit im Parlament gehabt und im wesentlichen mit Notverordnungen regiert. Notverordnungen erließ im Auftrag der Exekutive der Reichspräsident nach Artikel 48 der Weimarer Verfassung zur »Wiederherstellung der öffentlichen Sicherheit und Ordnung«. Sie konnten zwar auf Verlangen des Reichstags wieder außer Kraft gesetzt werden. Für diesen Fall hatte der Reichspräsident allerdings die Möglichkeit, das Parlament aufzulösen und Neuwahlen auszuschreiben (Artikel 25). In der Zwischenzeit hatten die Verordnungen Gesetzeskraft.

Auch das Kabinett Hitler mit Papen als Vizekanzler konnte keine Mehrheit des Reichstags auf sich vereinigen. Die konservativen Antidemokraten um Hindenburg und Papen, die seit dem Ende der 1920er Jahre auf die Wiederherstellung der Monarchie hinarbeiteten, wussten, dass auch Hitler nur mit präsidialen Notverordnungen regieren konnte. Ihm aber trauten sie zu, dass er das politische Patt in ihrem Sinne würde aufheben können. Schließlich war es keiner der Machtgruppen, weder den demokratischen noch den antidemokratischen Kräften, seit 1930 gelungen, eine Parlamentsmehrheit zu erringen. Hindenburg wollte zunächst die Aufhebung des Artikels 54 der Verfassung, der den Kanzler vom Vertrauen des Reichstags abhängig machte; auf diese Weise hoffte er von der Praxis der Notverordnungen wegzukommen. Hitler versprach, dafür mit verfassungsändernder Mehrheit ein Ermächtigungsgesetz auf den Weg zu bringen. »Wir haben ihn uns engagiert«, soll Papen gesagt haben.

Hitler aber hatte andere Pläne. So forderte er noch vor seiner Vereidigung entgegen den Koalitionsverhandlungen Reichstagsneuwahlen. Er hoffte, nun an der Spitze der Exekutive, dadurch für die NSDAP die Mehrheit holen und seine konservativen Koalitionäre loswerden zu können. Mit Reichspräsident Hindenburg verband ihn das Ziel, die Deutschen zu einer »Volksgemeinschaft« zu vereinigen. Deshalb ließ dieser den neuen Kanzler gewähren.

Bereits die ersten Tage der Regierung Hitler/Papen zeigten, wie die neue Regierung unter dem Anschein der Legalität ihre Macht ausbaute, ihre Gegner und demokratische Verfahrensweisen ausschaltete. Hitler erklärte vor Militärs, das »Ziel der Gesamtpolitik« sei allein die »Wiedergewinnung der politischen Macht«, sei die »völlige Umkehrung der gegenwärtigen innenpolitischen Zustände« und die »Beseitigung des Krebsschadens der Demokratie« (Quelle 4). Dieser Prozess, der als »Gleichschaltung« bezeichnet wird, umfasste die Ausschaltung der Organisationen, die sich dem Totalitätsanspruch der NSDAP widersetzten, sowie die Unterordnung aller staatlichen und gesellschaftlichen Institutionen unter ihre Ziele.

Am 1. Februar 1933 löste Hindenburg den Reichstag auf und setzte Neuwahlen für den 5. März an. Was als letzte Wahl des demokratischen Systems geplant war, sollte unbedingt mit einem Sieg der Regierungsparteien enden. Hindenburg und Hitler planten, danach ein Ermächtigungsgesetz verabschieden zu lassen, das der Regierung weitgehende legislative Kompetenzen geben und damit die Praxis der Notverordnungen und ihrer wiederholten Ablehnung durch den Reichstag, seine Auflösung und Neuwahlen beenden sollte.

Unter der Parole »Kampf gegen den Marxismus« begann die NSDAP mit großem propagandistischen Aufwand den Wahlkampf. Sie kontrollierte große Teile der Bürokratie und der Polizei. Göring als »Reichskommissar für das preußische Innenministerium« entließ viele Spitzenbeamte und ersetzte sie durch Parteimitglieder. Er verstärkte die reguläre Polizei durch 50 000 »Hilfspolizisten«, die aus Mitgliedern der SA (der paramilitärischen Kampftruppe der NSDAP), der SS (ursprünglich Hitlers persönliche Leibgarde) und des »Stahlhelms« (einer Vereinigung ehemaliger Frontkämpfer des Ersten Weltkriegs) rekrutiert und mit Pistolen ausgestattet wurden. Außerdem verordnete er einen »Schießerlass« gegen die politische Opposition. Noch im Frühjahr 1933 wurden von SA und SS geleitete Konzentrationslager aufgebaut, in die vor allem Sozialdemokraten und Kommunisten eingeliefert wurden. So wurden bereits im März und April 1933 etwa 3000 politische Gegner ins KZ Dachau bei München und die bayerischen Polizeigefängnisse eingeliefert.

Als am 27. Februar 1933 der Niederländer Marinus van der Lubbe den Reichstag in Berlin angezündet hatte, nutzten die Nationalsozialisten dies so rasch aus, dass das Gerücht aufkam, sie selbst hätten den Brand gelegt. Einen Tag später erließ der Reichspräsident die »Verordnung zum Schutz von Volk und Staat« (Quelle 5). Sie setzte die wesentlichen Grundrechte der Weimarer Verfassung »bis auf weiteres« außer Kraft und verschaffte der Reichsregierung das Recht, über die »nötigen Maßnahmen« zu entscheiden. Auch die demokratisch gewählten Länderregierungen konnte die Regierung mit diesem Gesetz absetzen und durch ihre Parteigänger ersetzen. Die Reichstagsbrandverordnung bildete so – zusammen mit dem Ermächtigungsgesetz vom 24. März 1933 – den scheinbar legalen Rahmen für den Aufbau der NS-Diktatur.

Trotz des Terrors und des Propagandaaufwands wählten am 5. März 1933 nur 43,9 Prozent die NSDAP. Lediglich mit ihren konservativen Verbündeten erreichte sie eine parlamentarische Mehrheit. Dennoch bestimmte eine Woge nationalistischer Euphorie das öffentliche Leben. Hitler nütz-

»Tag von Potsdam«, 21. März 1933: Hitler und Hindenburg

te dies aus, als er den Zusammentritt des neuen Reichstags (21. März 1933) zu einer Demonstration des Zusammenwirkens der alten konservativen Kräfte mit der neuen nationalsozialistischen Bewegung nutzte: Er inszenierte sich am »Tag von Potsdam« als demütigen Staatsmann, der dem Reichspräsidenten der Weimarer Republik und ehemaligen Generalfeldmarschall des Kaiserreichs, Paul von Hindenburg, in der früheren Residenzstadt der preußischen Könige seine Aufwartung machte.

Zwei Tage später ließ er den Reichstag das »Ermächtigungsgesetz« beschließen, das der Regierung – zunächst für vier Jahre – das Recht verlieh, Gesetze ohne Zustimmung des Parlaments zu erlassen (Quelle 6). Damit war die Gewaltenteilung zwischen Legislative und Exekutive vollends aufgehoben. Die verfassungsändernde Mehrheit im Reichstag hatten die Nazis erreicht, indem sie zum einen die Geschäftsordnung so änderten, dass die »unentschuldigt fehlenden« kommunistischen Abgeordneten, die bereits im Untergrund, im Exil oder in Konzentrationslagern waren, als anwesend zählten. Zum andern drohten sie den anderen Parteien, vor allem dem katholischen Zentrum und den Liberalen, und lockten sie zugleich mit Zugeständnissen, etwa der Aussicht auf ein Konkordat des Reichs mit der katholischen Kirche. Der liberale Abgeordnete Theodor Heuss beispielsweise, der spätere erste Bundespräsident der Bundesrepublik Deutschland (1949–1959), ging mit dem festen Vorsatz, das Gesetz abzulehnen, in die entscheidende Fraktionssitzung. Aus Rücksicht auf die Klientel der Partei, die zum großen Teil aus Staatsbeamten bestand, entschlossen sich die Liberalen aber zur Zustimmung. Heuss gestand später, er habe schon damals gewusst, »dass dieses JA nie mehr aus meiner Lebensgeschichte ausgelöscht werden könne.« Wie er dachten viele Anhänger der bürgerlichen Parteien in den Bahnen des demokratischen Rechtsstaates; sie konnten sich nicht vorstellen, mit welcher Zielstrebigkeit die Nationalsozialisten alle demokratischen Verfahrensweisen zerstören würden.

Einzig die SPD stimmte gegen das Gesetz. Ihr Fraktionsvorsitzender Otto Wels begründete dies angesichts der im Saal aufmarschierten SA und SS in einer mutigen Rede und setzte sich persönlichen Beschimpfungen der nationalsozialistischen Abgeordneten sowie Hitlers aus. Mit 444 gegen 94 Stimmen beschloss der Reichstag seine eigene Entmachtung.

Unmittelbar nach dem Machtantritt war die Reichsregierung darangegangen, die durch die Verfassung garantierte föderale Struktur des Reiches zu untergraben. Zuerst wurden regimekritische Minister und Landtagsabgeordnete aus ihren Stellungen vertrieben. Im Freistaat Preußen wurde bereits am 6. Februar 1933 per Notverordnung des Reichspräsidenten der Landtag aufgelöst (»Zur Herstellung geordneter Regierungsverhältnisse in Preußen«). Dort hatte zwar Hindenburg bereits im Sommer 1932 den seit 1920 amtierenden sozialdemokratischen Ministerpräsidenten Otto Braun – als »Roter Zar von Preußen« bekannt –, der seit Frühjahr 1932 keine parlamentarische Mehrheit mehr hinter sich hatte bringen können, ab- und Franz von Papen als Reichskommissar eingesetzt. Nun aber wurde das Landesparlament völlig ausgeschaltet. Otto Braun emigrierte in die Schweiz, wo er 1955 starb.

In den anderen Ländern provozierten Nationalsozialisten bei Massendemonstrationen gezielt Unruhen. Die Reichsregierung nahm dies zum Anlass, unter Berufung auf die Reichstagsbrandverordnung in die Belange der Länder einzugreifen: Sie setzte die Landesregierungen ab und ernannte stattdessen überall Reichskommissare, die meist aus den Reihen der NSDAP stammten. Bereits am Abend der Reichstagswahl vom 5. März 1933 wurde die Landesregierung der Freien und Hansestadt Hamburg abgelöst, einen Tag später in den Hansestädten Lübeck und Bremen sowie Hessen. Zwei Tage später folgten Sachsen, Schaumburg-Lippe sowie die süddeutschen Länder Baden und Württemberg. Dort war Staatspräsident Eugen Bolz erst unter dem Druck des Landtags, der einen Nationalsozialisten zum neuen Staatspräsidenten gewählt hatte, aus dem Amt gedrängt worden. Bolz gehörte später zum Widerstandskreis um Carl Goerdeler und wurde im Januar 1945 hingerichtet. In Bayern war seit 1930 der langjährige konservative Ministerpräsident Heinrich Held nur noch geschäftsführend im Amt. Er hatte geplant, den Sohn des letzten bayerischen Königs nach der Machtübernahme der Nationalsozialisten gemäß der Landesverfassung zum Generalstaatskommissar zu ernennen. Am 9. März 1933 aber beauftragte der nationalsozialistische Reichsinnenminister Wilhelm Frick den ehemaligen Offizier Franz Ritter von Epp, die Exekutive zu übernehmen. Da er bei Reichspräsident Hindenburg kein Gehör gefunden hatte, trat Held unter Protest zurück und zog sich bis zu seinem Tod 1938 ins Privatleben zurück.

Auch bei der »Gleichschaltung« der Länder verfuhren die Nationalsozialisten wieder nach dem Grundsatz, (Schein-) Legalität und Gewalt miteinander zu verbinden. Der nächste Schritt nach diesen Gewaltaktionen war am 31. März 1933 das »Vorläufige Gesetz zur Gleichschaltung der Länder mit dem Reich« (Quelle 7). Dieses ermöglichte auf Grundlage des »Ermächtigungsgesetzes« den nun nationalsozialistischen Länderregierungen, Gesetze ohne parlamentarisches Verfahren zu erlassen. Die Länder- und Gemeindeparlamente wurden aufgelöst und nach dem Ergebnis der Reichstagswahl vom 5. März 1933 neu konstituiert. Ein »Zweites Gesetz zur Gleichschaltung der Länder mit dem Reich« vom 7. April 1933 verfügte, dass die von Hitler ernannten Reichsstatthalter in den Ländern »für die Beobachtung der vom Reichskanzler aufgestellten Richtlinien der Politik zu sorgen« hätten. Am 30. Januar 1934, dem ersten Jahrestag des nationalsozialistischen Machtantritts, wurden durch das »Gesetz über den Neuaufbau des Reiches« die Länderparlamente aufgehoben und ihre Hoheitsrechte auf das Reich übertragen (Quelle 8). Die Zerstörung des föderalen Aufbaus des Deutschen Reiches war mit der Auflösung der Länderkammer, des »Reichsrats«, am 14. Februar 1934 abgeschlossen.

Nach der »Gleichschaltung« der Länder folgten innerhalb weniger Monate die Selbstauflösung der anderen Parteien oder ihr Verbot. Mit dem Gesetz »Gegen die Neubildung von Parteien« vom 14. Juli 1933 sicherte die NSDAP den Einparteienstaat. Selbst die Kräfte, die das neue Regime stützten, waren davon betroffen: So wurden die Reichstagsabgeordneten der Deutschnationalen Volkspartei (DNVP) als »Gäste« in die NSDAP-Fraktion aufgenommen; Alfred Hugenberg, der Vorsitzende der DNVP und Reichsminister für Wirtschaft, Landwirtschaft und Ernährung, musste zurücktreten. Der Frontkämpferbund Stahlhelm wurde in die SA überführt. Das Konzept der konservativen Antidemokraten, Hitler und die Nationalsozialisten zu zähmen, war damit endgültig gescheitert.

Auch andere Massenorganisationen wie die Gewerkschaften wurden zerschlagen. Vereine beispielsweise wurden »gleichgeschaltet« und mussten das »Führerprinzip« anerkennen (Quelle 9). An die Stelle der traditionelle Vereine und Interessensvertretungen traten von den Nationalsozialisten kontrollierte Institutionen wie die Deutsche Arbeitsfront (Quelle 10). Die Regierung erklärte den 1. Mai, den traditionellen Tag der Arbeiterbewegung, zum nationalen Feiertag bei voller Lohnfortzahlung. So gelang es der NSDAP, viele Arbeiter auf ihre Seite zu ziehen. Gleichzeitig gewannen die Nazis einen Großteil der Deutschen für sich, indem sie dem neuen Regime einen Anschein von Ordnung und Stabilität gaben.

Noch im Frühjahr 1933 begannen die Nationalsozialisten damit, ihre rassistische Ideologie umzusetzen. Inszenierte Ausschreitungen gegen jüdische Geschäftsleute nahmen sie zum Anlass, um am 1. April einen reichsweiten Boykott jüdischer Geschäfte zu organisieren (Quelle 11). Am 7. April erließ die Regierung das »Gesetz zur Wiederherstellung des Berufsbeamtentums«, mit dessen Hilfe politische Gegner und Juden aus dem Öffentlichen Dienst entlassen werden konnten. Viele Vereine und Organisationen übernahmen freiwillig den sogenannten Arier-Paragraphen, der alle »Nichtarier«, also vor allem die Juden, von der Mitgliedschaft ausschloss. Die Arbeitsmöglichkeiten jüdischer Rechtsanwälte und Ärzte wurden mehr und mehr eingeschränkt, und die Zahl jüdischer Studenten an den Universitäten wurde durch eine restriktive Quote streng beschränkt. Wegen der zunehmenden Verfolgung verließen 1933/34 etwa 40 000 Juden ihre Heimat. Die meisten blieben allerdings und hofften auf eine rasche Beendigung der NS-Diktatur, so der Romanistik-Professor Viktor Klemperer, dessen Tagebücher tiefe Einblicke in das Leben eines assimilierten deutschen Juden in der Diktatur geben.

Zwar waren nicht wenige Angehörige der gebildeten Schichten mit den wilden Aktionen der Nazis nicht einverstanden, die Aufstiegschancen für junge Akademiker ließen viele von ihnen jedoch auf die Seite der Nationalsozialisten übergehen. Die Zahl der Neumitglieder der NSDAP stieg so rapide an, dass die Partei im April 1933 einen vorübergehenden Aufnahmestopp verhängte. Am 10. Mai ließ Joseph Goebbels, der neue »Minister für Volksaufklärung und Propaganda«, in mehreren großen Städten eine Bücherverbrennung inszenieren. In Berlin hielt er selbst eine

Hetzrede gegen jüdische und linke Autoren wie Karl Marx, Sigmund Freud, den Literaturnobelpreisträger Thomas Mann und seinen Bruder Heinrich, Bertolt Brecht oder Erich Kästner. Oftmals ohne direkte Aufforderung sortierten deutsche Bibliotheken verfemte Werke aus ihren Beständen aus.

Für Goebbels durfte es keinen Widerspruch zwischen künstlerischer Produktion und nationalsozialistischer Propaganda geben. Die Künste hatten im NS-Staat lediglich repräsentative Aufgaben. Um auch den Bereich der Kultur gleichzuschalten, wurde im September 1933 die »Reichskulturkammer« mit Goebbels als ihrem Präsidenten gegründet. Sie erfasste sämtliche Bereiche des kulturellen Lebens und war in sieben Einzelabteilungen gegliedert (für Film, Funk, Musik, Theater, Presse, Literatur sowie Bildende Künste). Die bis dahin vorhandenen Interessenvertretungen von Künstlern und Intellektuellen wurden in die neue »Reichskulturkammer« überführt. Jeder, der sich kulturell betätigen wollte, musste Mitglied werden. Und nur, wer sich der nationalsozialistischen Ideologie unterwarf, durfte ihr beitreten. Eine Aufnahmeverweigerung oder ein Ausschluss bedeuteten das Berufsverbot. Goebbels und seine Behörde schrieben auch erwünschte Stile und Themen vor. Moderne Tendenzen der Künste wurden als »entartet« verfolgt, die Künstler in die »innere Emigration« oder ins Exil getrieben. 1934 wurde die »Reichskulturkammer« der Deutschen Arbeitsfront (DAF) angeschlossen; ihr amtliches Mitteilungsorgan wurde die Parteizeitung der NSDAP, der »Völkische Beobachter«. Neben künstlerischer Reglementierung kümmerte sich die »Reichskulturkammer« auch um eine soziale Absicherung ihrer Mitglieder. So gelang es auch hier dem NS-Regime, viele Künstler und Intellektuelle für sich zu gewinnen.

Das NS-Regime sah sich wegen des Wunsches der Bevölkerung nach Stabilität veranlasst, ihren Kurs der (Schein-)Legalität fortzusetzen. Ein Teil der auf 4 Millionen Mitglieder angewachsenen SA war jedoch damit unzufrieden. Sie hatte vor 1933 in vielen Saal- und Straßenschlachten für die NSDAP gekämpft und unmittelbar nach der Machtübertragung dem Regime – als Hilfspolizei etwa – wichtige Dienste geleistet. Wegen Hitlers Rede vom Ende der »nationalen Revolution« im Sommer 1933 sah sie sich um die Früchte ihrer Anstrengungen gebracht. Vor allem der Chef der SA, Ernst Röhm – einer der wenigen, die sich mit Hitler duzten –, forderte eine »zweite Revolution«. Röhm wollte die SA als Volksmiliz an die Stelle der Reichswehr setzen. Hitler dagegen brauchte die Militärs für seine Kriegspläne und versprach ihnen den Ausbau und die Modernisierung der Reichswehr (Quelle 4). Gestützt auf den fingierten Vorwurf, Röhm plane einen Putsch gegen die Regierung, wurde er am 30. Juni 1934 verhaftet und einen Tag später ermordet. Mit ihm wurden etwa 200 Mitglieder der SA und weitere Gegner der Nazis wie Schleicher oder Edgar Jung, ein enger Mitarbeiter des Vizekanzlers Papen, erschossen. Diesen klaren Rechtsbruch legitimierte Hitler mit einem angeblichen Staatsnotstand. Er habe als »der Deutschen höchster Gerichtsherr« gehandelt. Den dazu notwendigen Strafrechtsparagraphen erließ die Regierung allerdings erst im Nachhinein. In der Bevölkerung war die Erleichterung über das Ende der wilden Aktionen der SA größer als die Empörung über das illegale Vorgehen der Nationalsozialisten.

Die Bedeutung der SA wurde zurückgeschraubt; an ihre Stelle trat die SS (Schutzstaffel) unter Heinrich Himmler. Angesichts der Versprechungen Hitlers schwiegen auch die Militärs, selbst wenn mit Schleicher einer ihrer Generäle Opfer des angeblichen »Röhmputsches« geworden war. Nach dem Tod des Reichspräsidenten Hindenburg am 2. August 1934 ließ die Armeeführung die Soldaten auf Hitler persönlich vereidigen (Quelle 12). Die Ämter von Reichskanzler und Reichspräsident wurden vereinigt.

Die Weimarer Verfassung blieb zwar formal bis zum Ende des Dritten Reichs in Kraft. Dennoch hatte Hitler die Gewaltenteilung zwischen Legislative, Exekutive und Judikative aufgehoben. Sitzungen des Reichstags und selbst Kabinettssitzungen fanden nur selten statt. Gesetze wurden von der Reichskanzlei per Umlauf organisiert, wobei die betroffenen Ministerien zustimmten und Hitler das letzte Wort hatte. Auf eine geschriebene neue Verfassung verzichtete das NS-Regime. Allein des Führers Willen sollte fortan gelten.

Das äußere Zeichen der »Gleichschaltung« war das Hakenkreuz, das nationalsozialistische Parteiabzeichen. Nach dem 30. Januar 1933 war es das allgegenwärtige Symbol der NS-Herrschaft. Die Hakenkreuzfahne wurde zunächst neben der offiziellen Reichsflagge (»Schwarz-weiß-rot«) gehisst; 1935 wurde es dann zum alleinigen Hoheitszeichen des Deutschen Reiches erhoben. Hermann Göring erklärte in einer Rede: »Die alte Flagge, sie ist in Ehren eingerollt worden. Sie gehört einem vergangenen Deutschland der Ehre an.« Neben der Nationalhymne (»Deutschland, Deutschland über alles, / über alles in der Welt«) gewann bald das »Horst-Wessel-Lied«, das ein 1930 bei einer Schießerei getöteter SA-Mann gedichtet hatte, den Rang einer inoffiziellen Hymne und wurde auf Anordnung des nationalsozialistischen Innenministers Frick stets im Anschluss an die offizielle Hymne gesungen. Sogar für den Vortrag gab es Vorschriften. So ließ die Reichsmusikkammer 1939 wissen, »der Führer« habe »entschieden, dass das Deutschlandlied als Weihelied im Zeitmaß 1/4 = M 80 zu spielen ist, während das Horst-Wessel-Lied als revolutionäres Kampflied schneller gespielt werden soll.«

Auch die Uniformierung immer größerer Teile der Bevölkerung war ein Zeichen für die Durchdringung der Gesellschaft durch die NS-Diktatur; die »Braunhemden« der SA waren erst der Anfang gewesen. Der sogenannte »Deutsche Gruß« (»Heil Hitler!« oder »Sieg Heil!«) wurde – vor allem im öffentlichen Bereich – schon 1933 verpflichtend. Wer ihn verweigerte und denunziert wurde, musste mit Befragung durch die Behörden oder gar mit Verhaftung rechnen. In der Reichswehr war der »Deutsche Gruß« zunächst nicht zugelassen; später wurde festgelegt, dass er bei bestimmten Gelegenheiten, etwa beim Singen der Nationalhymne oder des »Horst-Wessel-Liedes«, auch für Uniformierte verpflichtend war.

2 »Volksgemeinschaft«. Der Staat des Dritten Reiches, seine Wirtschafts- und Sozialgeschichte

Nach dem Tod des Reichspräsidenten Paul von Hindenburg stimmten am 19. August 1934 fast 90 Prozent der wahlberechtigten Bevölkerung in nicht mehr freier und geheimer Abstimmung dafür, dass Hitler sowohl Staatsoberhaupt und damit Oberster Befehlshaber der Reichswehr als auch Kanzler, zudem Führer der Staatspartei NSDAP sein sollte. Der »Führerstaat« war errichtet.

Die Nationalsozialisten bauten neben den staatlichen Institutionen eigene, teils parallel handelnde, teils miteinander verklammerte Strukturen auf. Führende Mitglieder der NSDAP übernahmen sowohl Parteifunktionen als auch staatliche Aufgaben. Joseph Goebbels beispielsweise war »Reichsminister für Volksaufklärung und Propaganda« und Präsident der »Reichskulturkammer«, der neben den Künsten auch die Presse und der Rundfunk unterworfen waren. Gleichzeitig blieb er Gauleiter der Partei in Berlin. Heinrich Himmler, seit 1929 »Reichsführer-SS«, war seit 1936 nicht mehr nur Chef der Kampftruppe der NSDAP, sondern der gesamten deutschen Polizei. Hermann Göring blieb als Minister ohne Geschäftsbereich der mächtige Ministerpräsident Preußens (seit April 1933), wurde einen Monat später Reichsluftfahrtminister und Oberbefehlshaber der Luftwaffe (1935) sowie »Beauftragter des Vierjahresplanes« (1936). Als solcher war er – zur Vorbereitung des Krieges – dem Reichswirtschaftsminister mindestens gleichgestellt.

Aufgaben des Staates wurden häufig doppelt besetzt. So waren etwa für die Außenpolitik die Reichsaußenminister zuständig, zunächst der Konservative Konstantin Freiherr von Neurath (1932–1938), dann der Nationalsozialist Joachim von Ribbentrop (1938–1945). Aber auch Alfred Rosenberg nahm als Leiter des Außenpolitischen Amtes der NSDAP für sich in Anspruch, die Außenpolitik des NS-Regimes mitzubestimmen.

Das Führerprinzip galt auf allen Ebenen. Es forderte unbedingte Treue und Gehorsam von den Mitgliedern der »Volksgemeinschaft« und war in der behaupteten Einheit von Volk und Führer begründet. Ein straff organisierter, einheitlicher Staat aber wurde von den Nationalsozialisten nicht geschaffen (siehe Kontroversen 1). Die Parallelität von Staat und Partei, die bewusst unklaren Herrschaftsstrukturen mit ihren zahlreichen Sonderformen sorgten für Kompetenzgerangel und Machtrivalitäten auf allen Ebenen. Diese Polykratie ermöglichte es Hitler, in allen wichtigen Fragen das letzte Wort zu behalten, was ihm von Partei und Bevölkerung meist vorbehaltlos zugestanden wurde. Trotz oder gerade wegen der strukturellen Unklarheiten konnten viele Probleme durch die Schaffung ständig neuer Aufgabenbereiche in Partei und Staat flexibel und ohne die üblichen Wege der Bürokratie rasch erledigt werden. Das Nebeneinander von straffen Hierarchien und Ämterwirrwarr war eine Voraussetzung für das Funktionieren des NS-Regimes. Die vielen kleinen »Führer« in den verschiedensten Bereichen der Gesellschaft nutzten ihre Entscheidungsmöglichkeiten, indem sie sich bemühten, dem »Führer entgegen zu arbeiten« (Kershaw 2000a, 56). Auch die Staatsverwaltung sah sich von rechtsstaatlichen Regeln befreit. Sie verstand sich vielfach als »Streitmacht von politischen Kämpfern« und nutzte ihren »Ermöglichungsraum« (Wildt 2012a, 47), beispielsweise bei der Verfolgung der Juden oder im Krieg bei der Ausbeutung der besetzten Länder.

Die Nationalsozialisten und viele ihrer rechten Verbündeten wie Reichspräsident von Hindenburg hatte 1933 die Vorstellung einer (wieder) zu schaffenden Volksgemeinschaft verbunden, die durch die Demokratie der Weimarer Republik beschädigt worden sei. Hitler sagte 1940, sein Ziel sei es, über alle »Klassen und Stände, Berufe, Konfessionen und alle übrige Wirrnis des Lebens hinweg« die Deutschen zu einer »engen Volksgemeinschaft« zusammenzuschweißen. Anstatt Pluralismus und der aufwendigen Verfahren des Interessensausgleichs, wie es sie in der Demokratie gab, sollte allein das vom Führer bestimmte Wohl des Ganzen gelten, in dem jeder seinen Platz einzunehmen habe. Teilhabe an diesem Ganzen bedeutete für die Nazis zugleich immer auch Ausschluss derer, die man nicht für wert erachtete, Mitglied der »Volksgemeinschaft« zu sein (Juden, Sinti und Roma, Kommunisten, Homosexuelle, Zeugen Jehovas, Menschen mit Behinderung). Nur beides zugleich – Inklusion und Exklusion – ist geeignet, die Gesellschaftspolitik des NS-Regimes zu charakterisieren.

Die nationalsozialistische »Volksgemeinschaft« verstand sich als »Abstammungsgemeinschaft« (Quelle 13). Sie war jedoch nicht egalitär, sondern verweigerte sich selbst der Vorstellung, Menschen gleicher Rasse hätten auch Anspruch auf gleiche Behandlung. Gesellschaftliche Unterscheidungen in »oben« und »unten« gehörten zu den Grundlagen ihrer Ideologie. Auch zwischen den Geschlechtern wurde unterschieden; männliche Führung und weibliche Unterordnung gehörten zusammen. Die solidarische »Volksgemeinschaft« inszenierte sich durch Veranstaltungen der Massenorganisationen der NSDAP (so etwa das »Winterhilfswerk« zugunsten Bedürftiger, die Organisation »Kraft durch Freude«, die die Freizeit der Deutschen im Sinne des Regimes gestalten sollte, und andere).

Die Vorstellung eines »gesunden deutschen Volkskörpers« war keine Erfindung des Nationalsozialismus. Bereits in der Kaiserzeit (1871–1918) hatten Naturwissenschaftler und Sozialpolitiker »Rassenhygiene« gefordert. Unter »Rassenhygiene« oder »Eugenik« verstanden sie die Vergrößerung des Anteils positiv bewerteter Erbanlagen oder die Verringerung negativ bewerteter Erbanlagen durch eine gezielte Bevölkerungs- und Gesundheitspolitik. 1923 war der erste Lehrstuhl für Rassenhygiene in München eingerichtet worden. Sozialdarwinistische Gedanken, nach denen nur der Stärkste im »Kampf ums Dasein« überlebe, hatten sich mit rassistischen verbunden. Als Aufgabe der Sozialpolitik galt es demnach, die »Gesunden« zu fördern und die »Kranken« zu eliminieren. Sogar von »Euthanasie«, dem »Gnadentod« für »lebensunwertes Leben«, war bereits vor 1933 die Rede gewesen.

Schon im Juli 1933 erließ die Regierung ein »Gesetz zur Verhütung erbkranken Nachwuchses«. Bis 1945 wurden etwa 350 000 Menschen mit geistiger Behinderung und mit Erbkrankheiten, aber auch sogenannte »Asoziale« wie Obdachlose zwangssterilisiert. 1935 folgte mit dem »Gesetz zum Schutze der Erbgesundheit des deutschen Volkes« ein Heiratsverbot für Menschen mit bestimmten Behinderungen oder Erbkrankheiten. Staatliche Gesundheitsämter erfassten die genannten Personengruppen und erstellten ärztliche Gutachten. Ab 1939 wirkten die staatlichen Institutionen und zahllose Ärzte an ihrer systematischen Ermordung mit. »Euthanasie« (guter Tod, gute Tötung) nannten die Nationalsozialisten diesen Massenmord; Hitler sprach vom »Gnadentod« (Quelle 14). Den hatte bereits Ernst Haeckel, der Begründer des deutschen Sozialdarwinismus, 1904 als »zweckmäßige, sowohl für die Betheiligten wie für die Gesellschaft nützliche Maßregel« gefordert. Binnen zwei Jahren wurden in »Irrenanstalten« wie Hadamar, Sonnenstein oder Hartheim etwa 70 000 Menschen ermordet. Nach öffentlichen Protesten, etwa durch den Bi-

Reichsparteitag, Nürnberg 1935

schof von Münster, Clemens August Graf von Galen, im August 1941, wurde die Ermordung für ein knappes Jahr ausgesetzt. Durch systematisches Aushungern, Übermedikation und heimliche Tötung starben bis 1945 weitere 30 000 Menschen. Viele Täter der als T4 (nach der Adresse der Organisationszentrale in der Berliner Tiergartenstraße 4) bekannten Euthanasie setzten ihre Erfahrungen dann auch beim Holocaust, dem Massenmord an den europäischen Juden, um.

Am 15. September 1935 zeigte sich die Verbindung von Rassenhygiene und Antisemitismus besonders deutlich. An diesem Tag wurde auf dem Nürnberger Reichsparteitag das »Gesetz zum Schutze des deutschen Blutes und der deutschen Ehre« verabschiedet: Eheschließungen zwischen »Staatsangehörigen deutschen oder artverwandten Blutes« und Juden wurden verboten. Selbst sexuelle Beziehungen galten als »Rassenschande« und wurden sanktioniert (Quelle 15). Im Bemühen, juristisch zu fassen, wer Jude sei, wurden im Widerspruch zur NS-Ideologie neben rassistischen auch religiöse Kriterien angewandt.

Exklusion auf der einen Seite, Inklusion auf der anderen: Hitler erklärte bereits am 1. Februar 1933 die »Rettung des deutschen Arbeiters« und die »Rettung des deutschen Bauern« zur Hauptaufgabe seiner Regierung. Über 6 Millionen Arbeitslose gab es damals – ein Drittel der arbeitsfähigen Bevölkerung. Die (allerdings bescheidenen) Arbeitsbeschaffungsprogramme der beiden Vorgängerregierungen und das Abklingen der Weltwirtschaftskrise seit 1932 unterstützten die Zielsetzung Hitlers. Neue Arbeitsplätze wurden durch den Autobahnbau (wenn auch nur in geringem Maße) und staatlich finanzierte Wohnungsbauprogramme, vor allem aber gigantische Rüstungsinvestitionen geschaffen. Bis zum Beginn des Krieges wurden 62 Milliarden – etwa 23 Prozent des Bruttosozialprodukts – dafür eingesetzt; 1933 hatte der Anteil noch bei 1,5 Prozent gelegen. Auf dem freien Kapitalmarkt waren solche Summen nicht zu beschaffen, sondern nur durch staatliche Schuldenaufnahme. Die Regierung kalkulierte bereits 1933 mit dem Krieg, der ihr durch Ausbeutung eroberter Gebiete die Sanierung des Staatsbudgets erlauben sollte. Die Historiker Dietmar und Winfried Süß bezeichneten die »Volksgemeinschaft« zutreffend als »Raub- und Beutegemeinschaft« (Süß 2008, 86).

Haushaltsjahr	Rüstungsausgaben in Mrd. Reichsmark	Volkseinkommen in Mrd. Reichsmark	Rüstungsausgaben in Prozent des Volkseinkommens
1932	0,6	45,6	1,3
1933	0,7	46,5	1,5
1934	4,1	52,8	7,8
1935	5,5	59,2	9,3
1936	10,3	65,8	15,7
1937	11	73,8	15
1938	17,2	82,1	21

Rüstungsausgaben und Volkseinkommen 1932–1938.
Nach: Fritz Blaich: Wirtschaft und Rüstung im »Dritten Reich«. Düsseldorf 1987, S. 83.

Bis zum Beginn des Kriegs sank die Zahl der Arbeitslosen von 6 Millionen (1933) auf 0,1 Millionen. Dazu trug bei, dass 1935 die Wehrpflicht wieder eingeführt wurde. Außerdem wurden seit 1935 junge Menschen im »Reichsarbeitsdienst« für mindestens 6 Monate zwangsverpflichtet. Frauen wurden systematisch aus der Erwerbsarbeit herausgedrängt, etwa durch zinslose Ehestandsdarlehen. Seit 1936/37 herrschte Vollbeschäftigung, in manchen Bereichen sogar Fachkräftemangel. Der propagandistisch groß inszenierte Autobahnbau – die Pläne stammten zum großen Teil aus der Weimarer Republik – war daran nicht wesentlich beteiligt. Während des Krieges wurden die als Arbeitskräfte fehlenden Soldaten durch »Fremdarbeiter« aus den besetzten Ländern ersetzt (1944 waren es zum Beispiel 8 Millionen).

Nach der Zerschlagung der Gewerkschaften und dem Aufbau der Deutschen Arbeitsfront (DAF), der Arbeitnehmer wie Unternehmer angehören mussten, war die Tarifautonomie zerstört. Stattdessen folgte am 19. Mai 1933 die Einsetzung von »Treuhändern der Arbeit«. Diese sollten zwischen den einstigen Tarifpartnern vermitteln und im Auftrag des Staates Arbeitsbedingungen und Löhne festsetzen. In Wirklichkeit wurden sie meist zugunsten der Unternehmer tätig. Auch die betriebliche Mitbestimmung und das Streikrecht wurden aufgehoben; die neu gebildeten »Vertrauensräte« durften die Unternehmensspitze nur noch beraten. Das Führerprinzip galt damit auch für die Arbeitswelt.

Die DAF wurde zur größten Massenorganisation des NS-Regimes; 1942 hatte sie rund 25 Millionen Mitglieder (Quelle 10). Ihre Hauptaufgabe war die betriebliche Sozialpolitik. Unter dem Motto »Schönheit der Arbeit« sorgte sie für bessere Arbeitsbedingungen (Bau von Kantinen, Sanitäranlagen, Sportplätzen). Sie vergab Werkswohnungen, allerdings nur für Anhänger des Regimes und »Erbgesunde«. Sie ließ Mustermöbel entwerfen und in hoher Stückzahl produzieren und sorgte für Kredite zum Erwerb dieser »deutschen Wohnkultur«. Die DAF organisierte gemeinsame Freizeitaktivitäten und Unterhaltungsveranstaltungen. Das Programm »Kraft durch Freude« (KdF) ermöglichte Millionen von Menschen Urlaubsreisen ins In- und Ausland. 1938 wurde von der KdF der »Volkswagen« (VW) vorgestellt. Durch regelmäßige Beitragszahlungen sollte jeder einen Wagen erwerben können. Ab 1939 wurden die Autos jedoch für den Krieg gebraucht: Alle Sparer verloren ihre Einlagen, die DAF erzielte einen Gewinn von rund 275 Millionen Reichsmark.

Die Regierung gewährte erstmals allen Arbeitnehmern einen gesetzlichen Urlaub (zwischen 6 und 12 Tagen). Hitler begründete dies mit dem geplanten Krieg: »Ich wünsche dies, weil ich ein nervenstarkes Volk will«. Nur so könne man »wahrhaft große Politik« machen. »Wehrertüchtigung« war auch der Hintergrund des staatlich geförderten Betriebssports. Für Personengruppen, die dem Staat besonders wichtig erschienen, gab es sozialpolitische Vergünstigungen: die Verlängerung von Mutterschaftsurlaub, die Einführung des Kindergelds, Beihilfen für kinderreiche Familien. Auf der anderen Seite aber stand der Ausschluss von Juden aus den staatlichen Sozialversicherungssystemen. Diese sozialen Verbesserungen für einige können aber nicht darüber hinwegtäuschen, dass die Höhe der Sozialleistungen und Realeinkommen bestenfalls gleich blieben und dass der private Konsum sogar zurückging. Nur Unternehmensgewinne nahmen kräftig zu (zwischen 1933 und 1939 um rund 130 Prozent; Süß 2008, 87). Die Erhöhung der Arbeitszeiten und ihre Intensivierung trugen zu einer im Vergleich zu den meisten Staaten Europas erheblich steigenden Sterblichkeitsrate und stagnierenden Körpergröße der Durchschnittsbevölkerung bei: Indizien eines sinkenden Lebensstandards (Süß 2008, 87 f.).

Ob die NS-Herrschaft als »Gefälligkeitsdikatur« (Aly) bezeichnet werden kann, die die Menschen zur Erreichung ihrer rassistischen Ziele mittels sozialer Zugeständnisse ruhigstellte, ist unter Historikern umstritten (siehe Kontroverse 3). Die Erfahrung vieler ehemaliger Arbeitsloser, dass es ihnen nach 1933 besser ging als zur Zeit der Weltwirtschaftskrise, widerspricht dem nicht. Viele fanden Arbeit in der Rüstungsindustrie oder in den Parteiorganisationen und stiegen sozial auf. Der »Modernitätsappeal« (Wehler, 681) der NS-Wirtschafts- und Sozialpolitik sorgte vor allem bei der jüngeren Generation und Bessergebildeten – sofern sie nicht zu den Verfolgten des Regimes gehörten – für seine Legitimation.

Für 1936 stand die bereits 1931 beschlossene Ausrichtung der Olympischen Spiele im Deutschen Reich an: der IV. Olympischen Winterspiele in Garmisch-Partenkirchen und der XI. Olympischen Sommerspiele in Berlin. Im Vorfeld hatte es international, vor allem in den USA, Diskussionen gegeben, die Spiele zu boykottieren. Der Schriftsteller Heinrich Mann, schon 1933 zur Emigration gezwungen, sagte bei einer Konferenz des »Komitees zur Verteidigung der olympischen Idee«: »Ein Regime, das sich stützt auf Zwangsarbeit und Massenversklavung; ein Regime, das

Olympische Spiele, Berlin 1936: Siegerehrung

den Krieg vorbereitet und nur durch verlogene Propaganda existiert, wie soll ein solches Regime den friedlichen Sport und freiheitliche Sportler respektieren? Sie werden dort nichts anderes sein als Gladiatoren, Gefangene und Spaßmacher eines Diktators, der sich bereits als Herr der Welt fühlt« (zitiert nach Piper, 134). Dennoch entschlossen sich die USA nicht zu einem Boykott der Spiele. Einen wesentlichen Anteil an dieser Entscheidung hatte Avery Brundage, ein ehemaliger Leichtathlet und Sportfunktionär, der später von 1952 bis 1972 Präsident des Internationalen Olympischen Komitees (IOC) war.

Das Deutsche Reich hatte bereits im Sommer 1933 eine vom IOC geforderte Erklärung abgeben müssen, die Spiele stünden »allen Rassen und Konfessionen« offen. Das Regime hatte im Vorfeld verfügt, dass antisemitische Plakate aus dem Stadtbild entfernt wurden – etwa die an vielen öffentlichen Gebäuden angebrachten Aufschriften »Für Juden verboten« oder die Parole »Die Juden sind unser Unglück«, die überall in den Schaukästen des NS-Hetzblattes »Der Stürmer« zu finden war. Selbst zwei »Halbjuden« (nach den Bestimmungen der »Nürnberger Gesetze« von 1935) durften die deutsche Mannschaft verstärken: der Eishockeyspieler Rudi Ball und die Fechterin und mehrfache Olympiateilnehmerin Helene Meyer, die damals bereits in den USA lebte. Meyer bezeichnete es als Ehre, für Deutschland starten zu dürfen, und zeigte nach Gewinn der Silbermedaille den »Deutschen Gruß«. Der kommunistische Ringer Werner Seelenbinder hatte bei der Siegerehrung der deutschen Meisterschaften 1933 den Hitler-Gruß verweigert und war dafür verhaftet worden. Er plante dies auch für die Olympiade 1936, kam aber nur auf Platz 4. Wegen Beteiligung an einer kommunistischen Widerstandsgruppe wurde Seelenbinder 1944 hingerichtet.

Sowohl bei den Winter- als auch den Sommerspielen waren so viele Teilnehmer bei der Olympiade vertreten wie noch nie. Die Spiele fanden im neugebauten Berliner Olympiastadion statt, das 100 000 Zuschauer fasste. Es war mit Statuen im Stil der von Hitler geliebten, ins Kolossale vergrößerten (und vergröberten) Antike geschmückt und so gebaut, dass die Zuschauer den ebenfalls neuen Glockenturm und das Maifeld sehen konnten, ein Aufmarschplatz für etwa eine halbe Million Menschen. Das Olympische Dorf, das die Sportler beherbergen sollte, wurde von der Wehrmacht erbaut und von ihr nach den Spielen als Kaserne genutzt.

Die Olympischen Sommerspiele wurden im Beisein des

Diktators eröffnet, und zwar erstmals mit dem seither üblichen Staffellauf vom antiken Olympia zur modernen Austragungsstätte der Spiele. Zur Eröffnungsfeier gehörte neben vielen Fahnenaufmärschen auch ein imposanter, von Albert Speer, Hitlers Lieblingsarchitekten und späterem Rüstungsminister, entworfener Lichtdom. Dieser wurde von Leni Riefenstahl in ihrem berühmten Propagandafilm »Olympia« (1938) als Zeichen der Macht des Dritten Reiches ins Szene gesetzt.

Sowohl die insgesamt 3 Millionen Zuschauer als auch die Mehrzahl der internationalen Journalisten reagierten begeistert auf die Spiele: ein enormer Erfolg der NS-Propaganda nach innen und außen. Aufgrund der intensiven Förderung des Sports durch die Machthaber gewannen die deutschen Sportler die Nationenwertung, mit 33 Goldmedaillen gegenüber den nächstplazierten USA mit 24 Goldmedaillen.

Dass das Propagandaministerium eine strenge Pressezensur forderte, dass die in Berlin ansässigen Sinti und Roma an den Stadtrand umgesiedelt wurden und dass dicht bei Berlin zeitgleich zu den Sommerspielen das KZ Sachsenhausen erbaut wurde, ging in der vom Regime systematisch geförderten Olympia-Euphorie unter.

Der Anspruch des totalitären Staates auf die Menschen begann sehr früh. Mit der Erziehung und Bildung der Kinder und Jugendlichen sollten die Grundlagen für die »Volksgemeinschaft« gelegt werden (Quelle 16). In der Schule wurden missliebige Lehrer entlassen. Die Unterrichtsinhalte wurden ideologisch bestimmt. Juden mussten ab 1937 in getrennten Klassen unterrichtet werden; ab November 1938 war ihnen der Besuch öffentlicher Schulen verboten. Der »Hitler-Jugend« (HJ) waren alle anderen Jugendorganisationen – ob politisch, religiös oder weltanschaulich geprägt – bereits seit 1933 gleichgeschaltet worden. 1936 wurde die HJ zur einzigen Jugendorganisation erklärt. In ihr sollte die gesamte »deutsche Jugend« erfasst werden (Quelle 17). Juden waren auch hier ausgeschlossen. Bereits im Alter von zehn Jahren begann die Mitgliedschaft in der HJ: für Jungen im »Jungvolk«, ab 14 in der Hitler-Jugend, und für Mädchen bei den »Jungmädel«, ab 14 dem »Bund deutscher Mädel« (BDM). Ab einem Alter von 18 Jahren wurden alle Jugendlichen zu einem sechsmonatigen »Reichsarbeitsdienst« eingezogen, dem sich bei den Männern der 1935 wieder eingeführte allgemeine Wehrdienst anschloss. Im Weltkrieg wurden die Männer zunächst sofort zum Kriegsdienst eingezogen, gegen Ende des Krieges mussten im »Volkssturm« sogar Minderjährige Kriegsdienst leisten.

Die Mitgliedschaft in der HJ mit ihren Pflichtveranstaltungen wie Märschen, Paraden und Schulungen in nationalsozialistischer Ideologie war nicht für alle attraktiv. So gab es immer wieder Jugendliche (zum Teil unterstützt durch ihre Eltern), die sich erfolgreich vor der Teilnahme drückten. Aber Ausflüge und das in Erzählungen bis heute verklärte Lagerleben ließen viele Jugendliche trotz ideologischem Desinteresse oder gar Ablehnung des Nationalsozialismus zu begeisterten Mitgliedern der HJ werden. Auch wenn vor allem die paramilitärisch geführten Lager der »Wehrertüchtigung« dienten, so ermöglichten sie doch vielen, die bis jetzt keine Urlaubsreisen gekannt hatten, ungeahnte Freiräume. Auch das Motto »Jugend führt Jugend« bot Jugendlichen die Gelegenheit, Leitungsaufgaben zu übernehmen, und bestärkte so ihr Selbstbewusstsein. Dienstbereitschaft, Disziplin, Willensstärke und Kameradschaft waren Werte, die den Jugendlichen vermittelt werden sollten. Soziale, konfessionelle und regionale Unterschiede zwischen den Jugendlichen wurden bewusst negiert. Damit sollte ein Grundstein für die gesamtgesellschaftliche Umgestaltung gelegt werden. Aber auch hier bedingten sich Inklusion und Exklusion gegenseitig: Angehörige der HJ waren an der Verfolgung von Juden und Andersdenkenden aktiv beteiligt – als Denunzianten und auch als Helfer, etwa bei der Brandstiftung in Synagogen während der Reichspogromnacht vom November 1938.

Für junge Frauen schloss sich an den Arbeitsdienst die Mitgliedschaft in der NS-Organisation »Glaube und Schönheit« an, die der Vorbereitung auf Ehe und Familie dienen sollte. Nach »Reichsjugendführer« Baldur von Schirach sollte die junge Frau zur »körperlich vollendet durchgebildeten Trägerin nationalsozialistischen Glaubens« werden. Für Frauen ab 21 bestand die Möglichkeit zur Mitgliedschaft in der »NS-Frauenschaft« (NSF). Im Verlauf des Krieges traten Aufgaben der Soldatenbetreuung in Lazaretten neben Schulungen der Hausfrauen und Mütter. In allen Organisationen der Frauen stand die Rasse- und Erbbiologie des Nationalsozialismus im Vordergrund. Der Schutz von Ehe und Familie stand unter besonderer Fürsorge des Staates. Dies bedeutete auf der einen Seite finanzielle Unterstützung, etwa durch Zahlung staatlichen Kindergelds ab dem dritten Kind sowie zinslose »Ehestandsdarlehen« für junge Ehepaare zur Einrichtung ihres Haushalts, die »abgekindert« werden konnten, das heißt, für jedes ehelich geborene Kind wurde die Rückzahlungssumme reduziert. Mit diesen Darlehen war – entsprechend der von der NS-Ideologie vorgesehenen Rolle der Frau – die Pflicht zum Ausscheiden aus dem Berufsleben verbunden. Die »besondere Fürsorge« des Staates für Ehe und Familie bedeutete aber auf der anderen Seite auch, dass Kinder in Heimen erzogen werden konnten, wenn ihre Eltern dem Regime nicht die Gewähr zu bieten schienen, sie im Sinne des Nationalsozialismus zu erziehen.

Auch wenn Frauen im Dritten Reich aus dem Berufsleben herausgedrängt werden sollten, so hatten sie doch in den zahlreichen NS-Frauenorganisationen die Möglichkeit, Verantwortung zu übernehmen. So wurde letztlich ihre Eigenständigkeit gefördert. Zugleich aber wurden sie auch in die Mordmaschinerie des NS-Regimes verwickelt, wie Bernhard Schlinks bekannter Roman *Der Vorleser* (1995) darstellt.

Bereits um die Jahrhundertwende war Deutschland in die Phase der Hochindustrialisierung eingetreten. Dieser Trend verstärkte sich in den Jahren 1933 bis 1945 noch einmal, nicht zuletzt wegen der Aufrüstung des Reichs. Der primäre Sektor, die Landwirtschaft, war noch 1933 mit einem guten Drittel der größte Bereich der deutschen Wirtschaft gewesen. Bei Beginn des Krieges jedoch erreichte der sekundäre Sektor, die Industrie, mit knapp 41 Prozent wieder den Anteil, den er bereits vor der Weltwirtschaftskrise von 1929 gehabt hatte. Die Landwirtschaft kam dagegen 1939 nur noch auf gut 27 Prozent. In »Erzeugungsschlachten« sollte die Selbstversorgung Deutschlands auf allen Gebieten erreicht werden.

Einer großen Zahl der kleinen und mittleren Bauernhöfe, vor allem im Westen und Süden, drohte Überschuldung. Das »Reichserbhofgesetz« vom September 1933 erklärte etwa eine Million Bauernhöfe, die rund 37 Prozent der landwirtschaftlichen Nutzfläche bewirtschafteten, für unteilbar und unveräußerlich (Quelle 18). Nichtdeutsche Bauern, also vor allem Juden, waren per Gesetz von ihrem Erwerb ausdrücklich ausgeschlossen. Der grundsätzliche Gegensatz zwischen einer kleinen Zahl von großen Gütern, die mehr als ein Viertel des Ackerlandes ausmachten, und den vielen kleinen Höfen, die kaum überlebensfähig waren, wurde dadurch nicht aufgehoben.

Wie in anderen Bereichen der Wirtschaft auch wurde der freie Markt in der Agrarwirtschaft aufgehoben. Preise legte der Staat fest. Im »Reichsnährstand«, einer öffentlichrechtlichen Körperschaft, wurden alle bisherigen landwirtschaftlichen Organisationen gleichgeschaltet. In ihm mussten alle in der Agrarwirtschaft Tätigen – Mitte der 1930er Jahre etwa 17 Millionen Menschen – Mitglied werden. Die NS-Ideologie von »Blut und Boden« stellte dem urwüchsigen, heimatverbundenen deutschen Bauerntum das wurzellose städtische Proletariat gegenüber.

Das bis 1945 unverändert gültige Programm der NSDAP von 1920 hatte »die Schaffung eines gesunden Mittelstandes und seine Erhaltung« gefordert sowie die »sofortige Kommunalisierung der Groß-Warenhäuser« und die »schärfste Berücksichtigung aller kleinen Gewerbetreibenden bei Lieferung an den Staat« (Quelle 1). Doch die Erwartungen des Mittelstandes an den nationalsozialistischen Staat wurden enttäuscht: Jüdische Kaufhäuser wurden zwar »arisiert« und gingen damit in deutschen Besitz über. Aber sie wurden lediglich höher besteuert, nicht zugunsten des Mittelstandes enteignet. Der Trend, dass kleinere Betriebe schließen mussten und nur größere überlebensfähig waren, wurde nicht gestoppt. Hauptnutznießer dieser Entwicklung war der Staat, der vor allem von den Zwangsenteignungen jüdischer Betriebe profitierte.

Viele Forschungen der letzten Jahre haben gezeigt, dass zwar die Arbeitslosigkeit nach 1933 zurückgegangen ist. Die Vorstellung, dass die wirtschaftliche Erholung auf das »deficit spending« des NS-Regimes – also kreditfinanzierte Investitionen des Staates im Sinne des britischen Wirtschaftswissenschaftlers John Maynard Keynes (1883–1946) – zurückzuführen sei, trügt allerdings. Dies hätte nämlich bedeutet, dass der Konsum der deutschen Bevölkerung hätte steigen müssen, was jedoch nicht der Fall war. Im Gegenteil: Die Qualität der Konsumgüter verschlechterte sich stetig, und der Lebensstandard vieler Deutscher sank sogar, was sich beispielsweise an der zurückgehenden Versorgung mit den Gütern des alltäglichen Bedarfs zeigte – schon vor Kriegsbeginn und dann noch einmal deutlicher 1939. So vermerkte der Sicherheitsdienst der SS bereits 1938, dass wegen der Aufrüstung »eine Minderung des Lebensstandards – besonders der arbeitenden Bevölkerung« – drohe (Süß 2008, 87).

Die großen Unternehmen und Konzerne, deren Verstaatlichung das Programm der NSDAP ebenfalls gefordert hatte, waren für die Aufrüstung des Deutschen Reiches unentbehrlich. In den letzten Jahren wurde in vielen Firmengeschichten genauer untersucht, wie der Staat die Unternehmen vor allem der Rüstungsindustrie förderte: weniger durch direkten Zwang, also durch Vorschriften, Gesetze und direkte Eingriffe staatlicher Institutionen, als durch Preis- und Abnahmegarantien des Staates. In einigen

Fällen übernahm die öffentliche Hand sogar die Finanzierung fehlgeschlagener Unternehmungen. Finanziert wurde dies in den ersten Jahren des Regimes durch Wechsel der »Metallurgischen Forschungsgesellschaft« (»Mefo-Wechsel«). Diese versah Wechsel von Rüstungslieferanten mit ihrer Unterschrift, so dass diese bei Geschäftsbanken gegen Bargeld umgetauscht werden konnten. Banken, Sparkassen und Versicherungen wurde nahegelegt, ihnen anvertraute Spareinlagen in Reichsanleihen für Rüstungsprojekte einzutauschen. Den Sparern wurde dabei verheimlicht, wofür ihr Geld angelegt wurde. Dieses System der wechsel- und anleihefinanzierten Aufrüstung funktionierte allerdings nur, solange der Staat ständig neue Finanzierungsquellen erschließen konnte. Dass dies nur durch die Ausplünderung von zu erobernden Gebieten geschehen konnte, war vielen Deutschen nicht bewusst.

Als das Deutsche Reich am 1. September 1939 den Zweiten Weltkrieg begann, waren viele Angehörige der »Volksgemeinschaft« zunächst gar nicht glücklich darüber. Den Kurs der Expansion, der 1938 den erzwungenen Anschluss Österreichs und des Sudetenlandes an das Reich mit sich gebracht hatte, hatten die meisten Deutschen befürwortet. Der Kriegsbeginn aber erinnerte vor allem die Älteren an den Ersten Weltkrieg mit seinem Elend, Hunger und Massensterben. Die Bindung an den »Führer« und die Gewöhnung an die Gewaltpolitik der Nationalsozialisten hielten jedoch stand – bis zum Kriegsende 1945. Die »Volksgemeinschaft« wurde zu einer »Kriegsgemeinschaft«.

Die Führung der NSDAP verfuhr wieder nach dem gleichen Grundsatz wie schon zu Beginn ihrer damals noch unsicheren Herrschaft im Jahr 1933: mit »Verführung und Gewalt« (Thamer). Eine Propagandaschlacht sowie ungeahnte Möglichkeiten, sich im Krieg zu bereichern – auf Kosten der Unterworfenen und der Juden vor allem –, ließen viele Deutsche den Kriegskurs ihrer Regierung mittragen. Daneben stand die Forcierung der Terrorherrschaft, standen Verschärfungen im Strafgesetzbuch, etwa für das Hören »feindlicher« Radiosender, das Verbreiten »defätistischer« Äußerungen, die angeblich mangelnde Hoffnung auf einen baldigen Sieg erkennen ließen, oder Kritik am »Führer« und der Partei. Ganz allgemein: Alles, was dem »Gesunden Volksempfinden« – ein bewusst unscharfer Begriff, den die Nazis 1935 in die Rechtspflege eingeführt hatten – nicht zu entsprechen schien, konnte verfolgt und geahndet werden.

Auch wenn die Rolle und der Einfluss der Geheimen Staatspolizei (»Gestapo«) wahrscheinlich von vielen überschätzt wurden, so verbreitete sich doch eine Atmosphäre des Misstrauens und der Denunziation, die den Durchhaltewillen der Bevölkerung nahezu bis zum Kriegsende aufrechterhielt. Die Gestapo, so machen neuere Forschungen wahrscheinlich (Gellately), hätte nicht funktionieren können ohne die Bereitschaft der deutschen Bevölkerung, vermeintliche Vergehen in ihrem unmittelbaren Umfeld oder der Nachbarschaft bei den Behörden anzuzeigen. Im Gegenteil: Die hohe Zahl der freiwilligen Denunziationen habe die Geheimpolizei sogar eher überfordert.

Für die Kriegführung war es nötig, dass der Staat ungehindert auf das Vermögen und die Arbeitskraft aller seiner Untertanen zugreifen konnte. Denn schon die ersten eineinhalb Jahre nach Kriegsbeginn und Mobilmachung entzogen dem Arbeitsmarkt etwa 3,5 Millionen Arbeitskräfte. Zwar ersetzten Frauen zunächst die im Feld stehenden

Männer. Doch aus ideologischen Gründen – Frauen sollten in erster Linie Hausfrauen und Mütter sein – wurde die Zahl weiblicher Arbeitskräfte nur in den kriegswichtigen Industrien erhöht. Vor 1939 waren bereits zivile Arbeiter in befreundeten oder von Deutschland abhängigen Ländern angeworben worden. Seit Kriegsbeginn gab es eine andere Möglichkeit: Kriegsgefangene wurden deportiert und mussten Zwangsarbeit leisten. Bis zum Beginn des Frankreichfeldzugs im Mai 1940 arbeiteten etwa 800 000 Zivilarbeiter und knapp 350 000 Kriegsgefangene im Deutschen Reich. Nach dem Überfall auf die UdSSR kamen Hunderttausende sowjetische Kriegsgefangene und deportierte Juden dazu. Während des Krieges stieg außerdem die Zahl der in der Rüstungsproduktion beschäftigten KZ-Häftlinge von 90 000 Ende des Jahres 1942 auf 700 000 Ende 1944. Die Häftlinge stammten zu 90 Prozent aus Polen, der ehemaligen Tschechoslowakei und der UdSSR.

Die Lage der Kriegsgefangenen oder der KZ-Häftlinge war elend: Sie wurden ab Winter 1942/43 etwa bei Aufräumarbeiten in den bombardierten Großstädten eingesetzt oder im »Mittelwerk«, einer unterirdischen Produktionsanlage in Thüringen für die als »Wunderwaffe« gepriesenen V2-Raketen. Ihr Tod durch mangelnden Arbeitsschutz (Gefahren bei der Arbeit, beim Bombenentschärfen und in zusammenstürzenden Ruinen) oder durch Unterernährung wurde nicht nur billigend in Kauf genommen, sondern war als »Vernichtung durch Arbeit« ein integraler Bestandteil des Mordprogramms des NS-Regimes. Deutsche, die den Zwangsarbeitern halfen, wurden hart bestraft. »Krieg im eigenen Land«, hat der Historiker Michael Wildt das genannt.

3 Außenpolitik 1933–1939: Vorbereitung des Krieges

Vom Frieden reden – den Krieg vorbereiten. Schon von Beginn des Dritten Reiches an galt diese Formel für seine Außenpolitik. Bereits 1920 hatte die NSDAP in ihrem Programm – wie viele andere politische Gruppierungen der Weimarer Republik auch – die Revision des Versailler Vertrages gefordert (Quelle 1). Da sich die Einsicht, dass die Bestimmungen des Versailler Vertrages geändert werden müssten, auch in der britischen und der amerikanischen Öffentlichkeit bereits weithin durchgesetzt hatte, widersetzten sich die Westmächte der NS-Außenpolitik erst spät. Hitlers Ziele gingen allerdings weit über die Revision des Versailler Vertrages hinaus.

Neben der »Entfernung des Judentums«, die Hitler schon 1919, also in seinen ersten politischen Äußerungen, proklamiert hatte, stand immer das Streben nach »Lebensraum im Osten«. Der »ewige Germanenzug nach dem Süden und dem Westen Europas« müsse, wie Hitler in *Mein Kampf* schrieb, beendet werden. Nicht die Wiedergewinnung der verlorenen Kolonien war also vorrangiges Ziel nationalsozialistischer Außenpolitik, sondern vielmehr ein Krieg gegen die UdSSR. So hatte Hitler bereits wenige Tage nach der Machtübertragung von der »Eroberung neuen Lebensraums im Osten und dessen rücksichtsloser Germanisierung« gesprochen (Wildt 2012a, 29). Ob er die Weltherrschaft anstrebte, ist unter Historikern umstritten.

Wie auch bei der Gleichschaltung im Innern erfolgte die Außenpolitik des NS-Regimes zielgerichtet unter flexibler Ausnutzung aller möglichen Entwicklungen. Für seine Pläne in Europa bedurfte das Reich der Tolerierung durch die

Weltmacht Großbritannien. Im Oktober 1933 erklärte das Deutsche Reich seinen Austritt aus dem Völkerbund. Um die internationale Öffentlichkeit zu beruhigen, schloss es schon im Januar 1934 einen Nichtangriffspakt mit Polen unter Marschall Jósef Piłsudski, mit dem es während der Weimarer Republik, im Unterschied zu den Ländern des Westens, keine Ausgleichspolitik gegeben hatte. Zugleich wurde die Reichswehr entgegen den Bestimmungen des Versailler Vertrages von 100 000 auf 300 000 Mann aufgerüstet. Der Militäretat stieg innerhalb zweier Jahre von einem auf fast 10 Prozent des Volkseinkommens (Wildt 2012b, 6).

Wie im Versailler Vertrag vorgesehen, stimmte die Bevölkerung des – seit 1920 vom Völkerbund verwalteten – Saarlands 1935 darüber ab, ob sie lieber zu Frankreich oder zu Deutschland gehören wollte. 91 Prozent der wahlberechtigten Bevölkerung entschlossen sich zur Rückkehr ins Deutsche Reich. Hitler nutzte den Abstimmungserfolg aus, um – erneut gegen Versailles – die allgemeine Wehrpflicht wieder einzuführen (Quelle 19). Zugleich wurden die Reichswehr in »Wehrmacht« und der Reichswehrminister in »Reichskriegsminister« umbenannt. Um vor allem die britische Außenpolitik zu besänftigen, schloss das Reich ein Flottenabkommen, das ihm zwar eine deutlich vergrößerte Flotte zugestand, aber auch gegenseitige Rüstungsgrenzen definierte.

Im Februar 1936 nahm Hitler einen Beistandspakt zwischen der UdSSR und Frankreich zum Anlass, zu behaupten, dadurch seien der Versailler Vertrag und das Abkommen von Locarno (1925) gebrochen worden, in denen die Demilitarisierung der Rheinlande festgeschrieben worden waren, und ließ die Wehrmacht in das Rheinland einmarschieren. Während im selben Jahr die Olympischen Spiele in Berlin als »Friedensspiele« inszeniert wurden, forderte Hitler im Geheimen, dass die deutsche Armee in vier Jahren einsatzbereit und die deutsche Wirtschaft kriegsfähig sein müsse. Ebenfalls 1936 entsandte das Deutsche Reich Hilfstruppen für die Faschisten unter General Franco in den Spanischen Bürgerkrieg. Der Angriff der »Legion Condor« auf die baskische Stadt Guernica und seine Zivilbevölkerung im April 1937 sollte der »Erprobung« (Göring) der deutschen Luftwaffe dienen.

Im März 1938 erzwang Hitler den »Anschluss« Österreichs. Nachdem er den österreichischen Kanzler Kurt von Schuschnigg unter Androhung militärischer Gewalt gezwungen hatte, die Macht an die österreichischen Nationalsozialisten zu übergeben, war er kurzerhand in das Nachbarland einmarschiert. Unter großer Zustimmung der Bevölkerung feierte er den »Eintritt meiner Heimat in das Deutsche Reich«.

Obwohl das nationalsozialistische Deutschland und das faschistische Italien (seit 1922 unter Benito Mussolini) sich ideologisch sehr nahestanden, kam es erst 1936 zu einem Bündnis der beiden Staaten, der »Achse Berlin – Rom«. 1937 trat Italien dem gegen die UdSSR gerichteten »Antikominternpakt« bei, den Deutschland mit Japan bereits 1936 geschlossen hatte. Im März 1938 aber versuchte Mussolini im Streit zwischen der deutschen und österreichischen Regierung zu vermitteln und ließ sogar italienische Truppen an der italienisch-österreichischen Grenze aufmarschieren.

Im Herbst des Jahres 1938 vermittelte Mussolini erneut zwischen den Westmächten und dem Deutschen Reich –

gegen den Willen Hitlers. Dieser hatte die Nationalitätenkonflikte zwischen Tschechen, Slowaken, Ungarn und Deutschen in der demokratischen Tschechoslowakei ausgenutzt, um weitgehende Autonomierechte für die Deutschen, die vor allem im Sudetengebiet lebten, zu fordern. Als die tschechoslowakische Regierung dies abgelehnt hatte, hatte Hitler unter Hinweis auf das Selbstbestimmungsrecht die Abtretung des Sudetengebietes an das Deutsche Reich gefordert – sein eigentliches Ziel in diesem Konflikt.

Dass es nicht schon im Herbst 1938 zum Krieg kam, war auch das Ergebnis der britischen Außenpolitik. Großbritannien verließ sich auf die Beteuerungen des NS-Regimes, das Sudetenland sei seine letzte territoriale Forderung. Um den Frieden in Europa zu retten, traf der britische Premierminister Arthur Neville Chamberlain sich im September 1938 mehrmals mit Hitler und gestand diesem die gewünschte Grenzveränderung zu.

Als Hitler den sofortigen Einmarsch der Wehrmacht in ein nicht genauer bezeichnetes Gebiet der Tschechoslowakei verlangte, trafen sich Chamberlain und Hitler am 29. September 1938 erneut, dieses Mal in München, gemeinsam mit Mussolini und dem französischen Premierminister Edouard Daladier. Ohne tschechoslowakische Beteiligung wurden im Münchner Abkommen die Abtretung des Sudetengebietes an das Deutsche Reich und die unmittelbare Besetzung durch die Wehrmacht festgelegt. Zugleich garantierten Großbritannien und Frankreich den Bestand der restlichen Tschechoslowakei.

Der deutschen Außenpolitik war damit ein Kriegsgrund entfallen. Trotz seiner Verärgerung darüber ließ Hitler sich in der deutschen Öffentlichkeit feiern. Diese war – trotz der jahrelangen propagandistischen Vorbereitung eines Krieges – begeistert, dass das Deutsche Reich 1938 ohne militärische Gewalt zum »Großdeutschen Reich« geworden war. Deutsche Militärs wie General Ludwig Beck, die gegen die Kriegspläne Hitlers opponiert hatten, waren damit mundtot gemacht und verloren ihre Ämter; Hitler übte die oberste Befehlsgewalt seit Februar 1938 »unmittelbar persönlich« aus, das Amt des Kriegsministers wurde abgeschafft, und mit dem Oberkommando der Wehrmacht (OKW) schaltete Hitler auch die Wehrmacht gleich.

Hitler setzte entgegen allen öffentlichen Beteuerungen seine Kriegsvorbereitungen fort (Quelle 22). Im März 1939 erzwang er – wieder durch Androhung militärischer Gewalt – die »Erledigung der Rest-Tschechei«: Böhmen und Mähren wurden zum »Reichsprotektorat« erklärt, während der slowakische Teil der Republik Tschechoslowakei rechtlich zwar selbständig blieb, in Wirklichkeit aber mithilfe eines erpressten »Schutzvertrags« ein deutscher Satellitenstaat wurde.

Da die Westmächte Frankreich und Großbritannien einen Krieg nach wie vor verhindern wollten, griffen sie nicht ein. Allerdings garantierten sie den Bestand des polnischen Staates, denn sie befürchteten, Hitler werde nun das unter internationaler Aufsicht stehende Danzig sowie die Rückgabe des polnischen Zugangs zur Ostsee fordern.

Wieder gingen Hitlers Pläne weiter: Er forderte nicht nur die Rückgabe der Gebiete, die Deutschland infolge des Versailler Vertrags an den neu entstandenen Staat Polen abgetreten hatte. Ende April kündigte er das Flottenabkommen mit Großbritannien von 1935 und den Nichtangriffspakt mit Polen von 1934. Hitler hatte Polen ursprünglich den

Part eines Juniorpartners im Krieg gegen die UdSSR zugedacht. Nun aber erklärte er vor den Befehlshabern der Wehrmacht am 23. Mai 1939 erneut sein Ziel der »Erweiterung des Lebensraumes im Osten«. Deshalb wolle er Polen »bei erster passender Gelegenheit« angreifen. Er war sich bewusst, dass die Westmächte dieses Mal nicht zuschauen würden: »Es wird zum Kampf kommen.«

Die unmittelbaren diplomatischen Voraussetzungen dafür schuf der Abschluss eines deutsch-sowjetischen Nichtangriffspakts (Hitler-Stalin-Pakt). Stalin hatte – in Erwartung eines über kurz oder lang bevorstehenden deutschen Angriffs – mit den Westmächten um einen gegenseitigen Beistand gegen Deutschland verhandelt. Wegen der Nachgiebigkeit vor allem Großbritanniens in der Krise um die Tschechoslowakei ließ er dann aber sondieren, ob es stattdessen einen Vertrag mit dem ideologischen Erzfeind Deutschland geben könnte. Schon während der Zeit der Weimarer Republik hatte es eine geheime Zusammenarbeit des Militärs beider Staaten gegeben. Deutschland war zwar mit Italien und Japan im »Antikominternpakt« verbunden, forcierte aber die Verhandlungen.

Als diese ins Stocken gerieten, entsandte Hitler am 22. August 1939 Außenminister Ribbentrop mit uneingeschränkten Vollmachten nach Moskau. In der Nacht vom 22./23. August 1939 wurde ein Nichtangriffsvertrag unterzeichnet (Quelle 23). Ausschlaggebend für Stalin, der Zeit für einen, wie er wohl wusste, nur aufgeschobenen deutschen Angriff gewinnen wollte, war ein geheimes Zusatzprotokoll, das die Aufteilung des erst nach dem Ersten Weltkrieg wieder entstandenen polnischen Staates zwischen dem Deutschen Reich und der Sowjetunion vorsah.

Der deutsche Außenminister Joachim von Ribbentrop unterzeichnet den »Hitler-Stalin-Pakt«, August 1939

In beiden Staaten wurde die ideologische Kehrtwende nicht verstanden. Die Zensur aller öffentlichen Medien ließ jedoch keine Opposition zu. Für viele in die UdSSR geflüchtete deutsche Kommunisten bedeutete der Vertrag die Auslieferung an Nazi-Deutschland.

Nun ging alles sehr schnell: Bereits am 1. September 1939 marschierten deutsche Truppen in Polen ein. Hitler erklärte wahrheitswidrig im Rundfunk: »Polen hat heute Nacht zum ersten Mal auf unserem eigenen Territorium auch bereits durch reguläre Soldaten geschossen. Seit 5.45 Uhr wird jetzt zurückgeschossen. Und von jetzt ab wird Bombe mit Bombe vergolten.« Am 3. September 1939 erklärten Großbritannien und Frankreich dem Deutschen Reich vertragsgemäß den Krieg. Der Krieg in Europa hatte begonnen.

Hitlers außenpolitische Pläne waren bereits von Anfang an nur umsetz- und finanzierbar, wenn die Eroberung und Ausbeutung ausländischer Rohstoff- und Industriezentren einkalkuliert wurden. Auch wenn in der internationalen Öffentlichkeit damit gerechnet wurde, dass das Deutsche Reich nach der als berechtigt angesehenen Revision des Versailler Vertrags zufriedengestellt sein würde, und auch wenn die deutsche Öffentlichkeit ihren Führer wegen der scheinbaren Leichtigkeit, mit der dies erfolgt war, bewunderte und auch wenn sogar die verbliebene Opposition in Deutschland verstummte: Bereits 1936 war ein Weltkrieg keine bloße Möglichkeit der deutschen Politik mehr, sondern ihre unausweichliche Folge.

4 Der Zweite Weltkrieg: Radikalisierung nach innen und außen

Als am Morgen des 1. September 1939 die deutsche Öffentlichkeit vom Angriff auf Polen erfuhr, herrschte eine gespenstische Stimmung auf den Straßen. Im Unterschied zum Ersten Weltkrieg, als viele Menschen begeistert in den Krieg gezogen waren, war man nun meistens bedrückt. So populär Hitlers Politik der Expansion bisher auch gewesen war, so hatten sich die Erfahrungen des nur zwei Jahrzehnte zuvor katastrophal zu Ende gegangenen Krieges der Bevölkerung doch tief eingeprägt. Selbst als der Einfall in Polen nach nur fünf Wochen mit der Eroberung des Landes endete, war wenig Kriegseuphorie zu spüren. Vor allem die

Einschränkungen im Alltag – das Fehlen von Arbeitskräften, die Rationierung von Energie und Lebensmitteln (Bezugskarten wurden bereits vier Wochen vor Kriegsbeginn eingeführt), die ersten Todesmeldungen gefallener Soldaten – machten den Menschen zu schaffen. Das NS-Regime suchte die Bevölkerung auf dem gewohnten Weg zu besänftigen: Auf Kosten vor allem der Juden wurden »arische Volksgenossen« bessergestellt. Allmählich vollzog sich ein Umschwung in der öffentlichen Wahrnehmung, und Kriegsbegeisterung – propagandistisch geschürt – machte sich breit.

Für Hitler und die NS-Führung war der Überfall auf Polen der von Beginn seiner Herrschaft an geplante Krieg um »Lebensraum im Osten«. Eng damit verknüpft war sein Ziel der »Entfernung der Juden«. Der Historiker Eberhard Jäckel hat dies als »Vollzug einer Weltanschauung« bezeichnet: Bei aller Flexibilität im Einzelnen habe dieses Ziel das Handeln Hitlers von Anfang bis zum Ende bestimmt.

Mit Beginn des Zweiten Weltkriegs im September 1939 verschärfte das Regime die Verfolgung der Juden erneut. Jede Rücksichtnahme auf die öffentliche Meinung des Auslandes fiel nun weg. »Einsatzgruppen der Sicherheitspolizei«, die dem »Reichsführer SS und Chef der deutschen Polizei« Heinrich Himmler unterstanden, folgten den Truppen der Wehrmacht bereits bei dem Einmarsch in Polen. Sie beschlagnahmten jüdisches Vermögen und nahmen willkürliche Verhaftungen vor. Die polnischen Juden, die in den vom Deutschen Reich angeschlossenen Gebieten lebten, mussten Zwangsarbeit leisten. Außerdem wurden die Juden umgesiedelt: In Łódź, Warschau und Krakau entstanden in rascher Folge Ghettos. Mit Kriegsbeginn setzten erste, »wilde« Erschießungswellen ein. Ein rechtsfreier Raum war entstanden, da die Taten nicht geahndet wurden, obwohl sie keine gesetzliche Grundlage hatten. So wurden die Angehörigen der SS ermutigt, weiter rücksichtslos vorzugehen.

Die Geschichte des Zweiten Weltkrieges lässt sich in drei Phasen untergliedern: Die erste Phase reichte vom Beginn des Krieges mit den »Blitzkriegen« und der raschen Eroberung größerer Teile Europas bis zum Kriegseintritt der USA im Dezember 1941, durch den der Krieg zum Weltkrieg wurde. Die zweite Phase von 1942 bis Anfang 1943 war von Stagnation und Rückschlägen geprägt – so zum Beispiel der Schlacht um Stalingrad im Winter 1942/43. Im Verlauf des Jahres 1943, spätestens aber mit der Landung alliierter Truppen in der Normandie im Juni 1944, begann dann der Rückzug an allen Fronten, der schließlich zur bedingungslosen Kapitulation Deutschlands am 7./9. Mai 1945 führte.

In den ersten Jahren des Krieges bestimmten die raschen Erfolge der Wehrmacht die öffentliche Wahrnehmung. Dass auch die Eroberung Polens (1939) – mit dem Flächenbombardement auf Warschau – und Frankreichs (1940) zum Teil glücklichen Zufällen und Versäumnissen anderer, etwa der zögerlichen Haltung der Franzosen und Briten (»Sitzkrieg«), zuzuschreiben ist, wurde damals in Deutschland wenig wahrgenommen. Hitler war spätestens 1940 für viele Deutsche der »größte Feldherr aller Zeiten« (wie ihn Wilhelm Keitel, der Chef des Oberkommandos der Wehrmacht, einmal nannte).

Im Oktober 1939 wurde Polen vertragsgemäß zwischen dem Deutschen Reich und der Sowjetunion aufgeteilt.

Westpreußen mit Danzig und Posen wurden als »Reichsgaue« annektiert, Ostpolen von der UdSSR besetzt. Die zentralen Gebiete Polens mit der alten Königsstadt Krakau kamen als »Generalgouvernement« unter deutsche Verwaltung. Die SS unter Heinrich Himmler, der am 7. Oktober 1939 zum »Volkskommissar für die Festigung deutschen Volkstums« ernannt worden war, begann sofort mit der Ermordung der polnischen Eliten und der gewaltsamen Vertreibung der jüdischen und polnischen Bevölkerung zugunsten deutscher Bevölkerungsgruppen aus anderen deutschen Siedlungsgebieten in Ost- und Südosteuropa. Die Radikalität der deutschen Maßnahmen zeigte, dass der Krieg im Osten von Beginn an als »Volks- und Rassenkrieg«, als »Weltanschauungskrieg« geplant war (Hitler am 10. Februar 1939 in einer Geheimrede vor Wehrmachtskommandeuren). Zur gleichen Zeit begann im Reich die »Euthanasie«, die Ermordung von Menschen mit Behinderungen (vgl. S. 34–36).

Im April 1940 überfielen deutsche Truppen Dänemark und Norwegen, um die Lieferung kriegswichtigen schwedischen Eisenerzes zu sichern. Frankreich hatte die Rheingrenze mit der Maginotlinie gesichert und erwartete deswegen einen deutschen Angriff – wie im Ersten Weltkrieg – über die Beneluxstaaten. Britische und französische Verbände waren im Norden Frankreichs konzentriert. Die Wehrmacht überfiel am 10. Mai 1940 die Niederlande und Belgien und gelangte innerhalb kurzer Zeit an die französische Kanalküste. Zugleich kämpften sich deutsche Panzerverbände durch das unwegsame Mittelgebirge der Ardennen und drohten die Alliierten einzukesseln. Hitlers gegen seine führenden Generäle befohlener riskanter »Sichelschnitt« war gelungen. Die bedrohten Franzosen und Briten konnten bei Dünkirchen – unter Zurücklassung fast allen Kriegsgeräts – nach England übersetzen. Am 14. Juni 1940 besetzte die Wehrmacht Paris. Im Wald von Compiègne unterzeichnete die französische Führung die Kapitulation: Elsass und Lothringen wurden wie nach dem Deutsch-Französischen Krieg von 1870/71 annektiert, Nordfrankreich und die Atlantikküste besetzt. Nur in Südfrankreich verblieb ein halbsouveräner Staat mit der Hauptstadt Vichy unter Marschall Pétain, der die Kosten der deutschen Besatzungstruppen (täglich 20 Millionen Reichsmark) zu tragen hatte. Das Vichy-Regime hatte deutsche oder ehemalige deutsche Staatsbürger an das Reich auszuliefern; Tausende von exilierten Juden, Intellektuellen und Gegnern des NS-Regimes kamen so in deutsche Konzentrationslager.

Häufig wird gesagt, dass der Krieg im Osten im Unterschied zu dem im Westen von Beginn an mit größter Grausamkeit und Gewalttätigkeit geführt worden sei. Das trifft im allgemeinen zu. Doch auch im Westen bombardierte die Luftwaffe Städte wie Rotterdam, wurde Widerstand mit großer Brutalität unterdrückt, gab es »Vergeltungsaktionen« gegen angebliche Partisanen (zum Beispiel die Ermordung von über 600 Bewohnern des Dorfes Oradour-sur-Glane am 10. Juni 1944). Im Westen wie im Osten mussten die besetzten Gebiete die Truppen des Deutschen Reiches versorgen, und selbst wenn die einheimische Bevölkerung Not litt, wurden Arbeitskräfte nach Deutschland verschleppt – allerdings wurden die Menschen aus Westeuropa zumeist nicht ganz so unmenschlich behandelt wie die aus Osteuropa. Die jüdische Bevölkerung wurde in Konzentrationslagern interniert und in den Todeslagern des Ostens ermordet. Auch wenn die Wehrmacht neben den Einsatzgruppen der SS Teil der Mordmaschinerie des NS-Regimes war – also keineswegs, wie oft behauptet, eine »weiße Weste« hatte –, so konnten doch konservative Offiziere an der Westfront zumindest teilweise die völkerrechtlichen Grundsätze der Kriegsführung durchsetzen – etwa das Verbot unverhältnismäßiger Gewalt gegen Zivilisten, das in der Haager Landkriegsordnung von 1899/1907 festgeschrieben war.

Nach dem schnellen Sieg über Frankreich bombardierte Deutschland Großbritannien aus der Luft. Man wollte so einen Zweifrontenkrieg vermeiden, denn das eigentliche Ziel war, »Lebensraum im Osten« zu gewinnen und den trotz des Hitler-Stalin-Paktes immer geplanten Krieg gegen die UdSSR zu führen. Bombardements der Luftwaffe auf britische Städte (unter anderem London und Coventry) und Industrieanlagen brachen jedoch nicht wie gedacht den Widerstandswillen der Briten. Im Gegenteil: Der Nachfolger Chamberlains, dessen Appeasement-Politik gescheitert war, Premierminister Winston Churchill, schwor seine Landsleute im unnachgiebigen Kampf gegen das NS-Regime auf »Blut, Mühsal, Tränen und Schweiß« ein. Als auch die Royal Air Force Luftangriffe auf deutsche Städte flog und eine deutsche Invasion Großbritanniens als illusorisch erachtet werden musste, kam Hitler auf sein eigentliches Ziel zurück: Am 18. Dezember 1940 befahl er unter dem Decknamen »Fall Barbarossa« für das nächste Jahr den Angriff auf die Sowjetunion.

Mussolini, der für Italien eigene expansionistische Ziele verfolgte, erlitt sowohl auf dem Balkan als auch in Nordafrika Niederlagen. Um die militärisch bedrohte Südostflanke der »Achsenmächte« zu sichern, setzte die NS-Führung den Angriff auf die UdSSR bis auf weiteres aus und begann im April 1941 den Balkanfeldzug. Serbien und Griechenland wurden besetzt; in Kroatien wurde eine von Deutschland und Italien abhängige faschistische Regierung installiert. In Nordafrika hatte die Wehrmacht bereits seit Februar 1941 auf Bitten Mussolinis gegen die Briten und Amerikaner gekämpft.

Wegen dieser Feldzüge konnte der Angriff auf die Sowjetunion nicht im Frühsommer 1941 beginnen, sondern erst am 21. Juni. Auch wenn die deutschen Truppen schnell vorankamen, so kam der Vormarsch doch – nicht zuletzt aufgrund des russischen Winters, der ungenügenden Ausrüstung der Soldaten und der großen zahlenmäßigen Überlegenheit der UdSSR – bereits im November 1941 vor Moskau zum Stehen. Die Wehrmacht hatte über eine Million Soldaten verloren, und die Rüstungsproduktion, die auf kurze Feldzüge eingestellt war, stieß an ihre Grenzen. Am 5. Dezember 1941 befahl Stalin die sowjetische Gegenoffensive. Die Phase der »Blitzkriege« war vorüber.

Der Krieg gegen die UdSSR wurde von Hitler als »Auseinandersetzung zweier Weltanschauungen« bezeichnet, als Kampf gegen den »jüdischen Bolschewismus«. Wehrmacht und Einsatzgruppen der SS waren bereits im Feldzug gegen Polen radikalisiert und brutalisiert worden. Der Krieg gegen die slawischen »Untermenschen« und die Funktionäre der Kommunistischen Partei verstärkte die Radikalisierung noch einmal. Terror gegen die Zivilbevölkerung, vor allem Juden, wurde Alltag.

Bereits am 6. Juni 1941, also noch vor Beginn des Feldzugs, hatte das Oberkommando der Wehrmacht im Auftrag Hitlers den »Kommissarbefehl« erlassen; kriegsgefangene Politoffiziere der Roten Armee sollten nicht nach den Regeln des Kriegsrechts behandelt, sondern sofort erschossen werden (Quelle 24). Millionen Kriegsgefangener mussten in Lagern unter Bedingungen leben, die ihren Tod nicht nur einkalkulierten, sondern zum Ziel hatten. Das eroberte Gebiet wurde ökonomisch ausgebeutet; auch dabei wurde der Hungertod von vielen Millionen fest eingeplant. Der gesamte Osten sollte »germanisiert« werden. Der 1942 von Himmler vorgelegte »Generalplan Ost« sah vor, dass die »rassisch unerwünschte« Bevölkerung Osteuropas (Polen, Tschechen, Ukrainer, Russen) nach Sibirien zwangsumgesiedelt und die »deutsche Volkstumsgrenze« bis zum Ural verlegt werden sollte.

Die enge Verbindung der beiden Lebensziele Hitlers (»Lebensraum im Osten«, »Entfernung der Juden«) bewirkte, dass die Kriegsführung 1941/42 immer mehr vom Holocaust bestimmt wurde. Auch wenn Hitler wohl keinen Befehl dazu gegeben hatte, so war doch die Radikalisierung der Maßnahmen von ihm durchaus gewünscht. Pläne zur Umsiedlung von Juden in weit entlegene Gebiete (etwa nach Madagaskar) wurden aufgegeben. Erfahrungen aus der als »Euthanasie« bezeichneten Ermordung von Menschen mit Behinderung wurden genutzt, um immer mehr zum unmittelbaren Mord an den Juden Europas überzugehen (Erschießung, Vergasung, »Vernichtung durch Arbeit«). In einem Prozess ständiger Radikalisierung war spätestens nach Beginn der konkreten Planungen für den Überfall auf die UdSSR im Frühjahr 1941 aus den ungeordneten Deportationen und Mordaktionen die planvolle Ermordung der Juden Europas geworden.

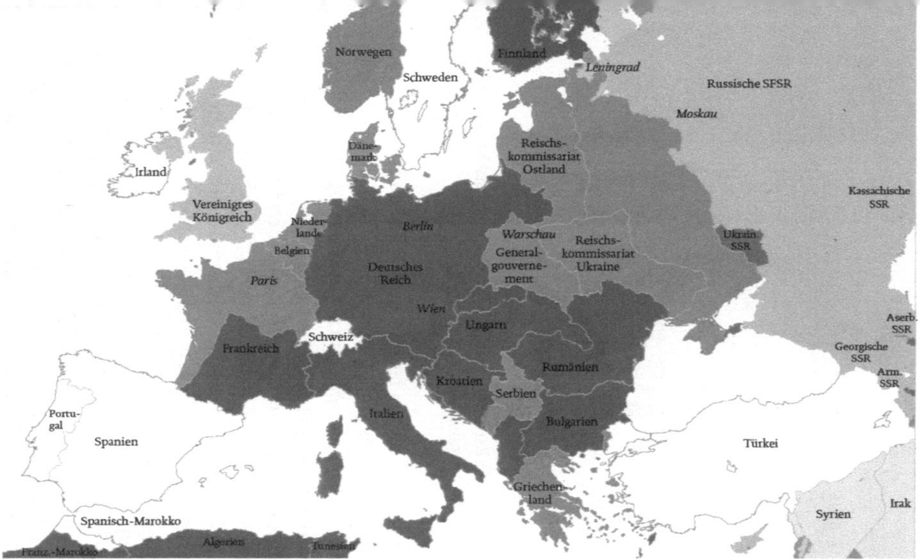

Zweiter Weltkrieg (Ende Dez. 1942)

- Achsenmächte sowie ihre Satellitenstaaten und Verbündeten
- Von den Achsenmächten und ihren Verbündeten besetzte Gebiete
- Alliierte Mächte
- Von den Alliierten Mächten besetzte Gebiete
- Neutrale Staaten

Erschießung von Partisanen durch deutsche Wehrmachtsoldaten im Norden Russlands, September 1941

Am 20. Januar 1942 fand in einer Villa am Berliner Wannsee unter Vorsitz von Reinhard Heydrich, der von Göring damit beauftragt worden war, eine Sitzung von hochrangigen Vertretern verschiedener Ministerien und Parteiorganisationen statt. Der bereits angelaufene Massenmord im Osten sollte organisatorisch bewältigt werden; dazu war die verwaltungstechnische Verzahnung der beteiligten Ministerien und staatlichen Stellen unabdingbar. Zwischen Ende 1941 und Sommer 1942 entstanden fünf große Vernichtungslager in den von der Wehrmacht eroberten Gebieten Polens: Bełżec, Sobibór, Treblinka, Majdanek und Auschwitz-Birkenau. Häufig hat man die Vernichtungslager als »Todesfabriken« bezeichnet. Der Historiker Michael Wildt weist diese Bezeichnung zurück. Der Begriff lege die

Vorstellung des »reibungslosen Ineinandergreifens vieler Teile einer großen Maschine« nahe. Tatsächlich aber verschleiere er »das tatsächliche, brutale Geschehen« und entlaste »die Phantasie, sich das Unvorstellbare vor Augen zu führen« (Wildt 2012b, 47).

Japan, das seit 1937 Krieg gegen China und südostasiatische Staaten führte und ein riesiges Gebiet – die »Großostasiatische Wohlstandssphäre«, die große Teile Chinas umfasste und über Indochina bis zum heutigen Indonesien und den Philippinen reichte – erobert hatte, überfiel am 7. Dezember 1941 die amerikanische Pazifikflotte in Pearl Harbor. Zugleich griffen japanische Truppen die britischen und niederländischen Kolonien in Südostasien an. Die USA waren bis dahin weitgehend neutral geblieben, hatten Großbritannien, China und die Sowjetunion allerdings mit beträchtlichen finanziellen Mitteln und Rüstungsgütern unterstützt (»lend-lease act« vom Februar 1941). Nun aber erklärten sie am Tag darauf Japan den Krieg. Italien und Deutschland, die vom japanischen Angriff auf die USA überrascht worden waren, erklärten den USA dennoch am 12. Dezember ebenfalls den Krieg. Ob Hitler vom Versagen der Wehrmacht im Osten ablenken oder ob er das »internationale Finanzjudentum« im Westen nun genauso wie den »jüdischen Bolschewismus« im Osten vernichten wollte, ist unter Historikern umstritten. Wahrscheinlich hoffte er eher auf einen Sieg über Großbritannien, wenn die amerikanischen U-Boote, deren kriegsentscheidende Rolle er seit dem Ersten Weltkrieg fürchtete, nicht mehr die Briten unterstützen könnten, sondern gegen Japan eingesetzt würden (vgl. Jäckel 1989, 174). Präsident Roosevelt – den Hitler immer als »Herrn Rosenfeld« bezeichnete, obwohl der kein Jude war – hatte schon früh das Ausmaß der vom NS-Regime ausgehenden Gefahr erkannt und erklärte die Bekämpfung Hitler-Deutschlands zum vorrangigen Kriegsziel (»Germany first«). Der Krieg, der zunächst aus zwei Kriegen bestanden hatte (dem asiatischen Krieg, der 1937 mit dem japanischen Überfall auf China begonnen hatte, und dem europäischen Krieg seit 1939), war im Dezember 1941 zum Weltkrieg geworden.

Das Deutsche Reich kämpfte nun gegen die Koalition der Alliierten (USA, UdSSR, Großbritannien und viele weitere Staaten). Auf seiner Seite standen Italien und Japan sowie die unterworfenen und die von den Achsenmächten abhängigen Länder. Zwar konnte die Wehrmacht im Sommer 1942 noch einmal große Gebiete im Süden der Sowjetunion erobern, doch spätestens im Winter 1942/43 begann der unaufhaltsame Rückzug nach Westen. Zum auch öffentlich wahrgenommenen Symbol der Kriegswende wurde die Schlacht um Stalingrad. Obwohl absehbar war, dass die Wehrmacht diese nicht gewinnen würde, untersagte Hitler einen rechtzeitigen Rückzug ebenso wie die Kapitulation der Sechsten Armee unter Generalfeldmarschall Paulus. Nachdem 150 000 Soldaten auf deutscher Seite gefallen waren, ergab sich Paulus dennoch den Sowjets und ging mit etwa 100 000 Männern in die Gefangenschaft.

Die Euphorie der »Blitzkriege« war endgültig vorbei. Die zunehmende Zahl von Todesanzeigen in den Zeitungen vermittelte im Gegensatz zur Propaganda des Regimes zumindest eine Vorstellung von der tatsächlichen Lage. Dennoch regte sich gegen den Krieg und die Nationalsozialisten bis zum Ende kaum Widerstand. Im Gegenteil: Als Propagandaminister Joseph Goebbels am 18. Februar 1943

Deutsche Kriegsgefangene nach der Schlacht um Stalingrad

als Reaktion auf die Nachricht von Stalingrad im Berliner Sportpalast in einer berüchtigten Rede den »totalen Krieg« ausrief und an den Durchhaltewillen der Deutschen appellierte, jubelten 3000 vom Regime ausgewählte begeisterte Anhänger »Sieg Heil!« (Quelle 25).

»Totaler Krieg« bedeutete für die deutsche Bevölkerung die Aufbietung aller noch vorhandenen materiellen und personellen Ressourcen für den »Endsieg«. So konnten alle Männer zwischen 16 und 65 sowie Frauen zwischen 17 und 45 Jahren zur Landesverteidigung herangezogen werden. Die Wehrpflicht wurde ab August 1943 auch auf Hitlerjungen unter 18 Jahren ausgedehnt, die häufig direkt aus den »Wehrertüchtigungslagern« der NS-Jugendorganisation in die Wehrmacht eingezogen wurden. Dem so entstandenen Arbeitskräftemangel begegnete das Regime mit der verstärkten Rekrutierung von Fremd- und Zwangsarbeitern. Öffentlich geäußerter Zweifel am »Endsieg« wurde als »Wehrkraftzersetzung« streng bestraft. Das Kriegsrecht wurde verschärft; bis in die letzten Tage des Krieges verurteilten Militärrichter zahlreiche Soldaten zur Todesstrafe. Die Rede von der »opferbereiten Heimatfront«, immer farbiger ausgemalte Endsiegphantasien und die ständig genährte Panik vor dem »jüdischen Bolschewismus« und der »Rache der Roten Armee« (der UdSSR) sollten die Bevölkerung für den Kampf mobilisieren. Die völlige Unterordnung der Wirtschaft unter den Krieg wurde in den Jahren 1942 und 1943 unnachgiebig vorangetrieben. Mit großen Anstrengungen, organisiert vom »Reichsminister für Bewaffnung und Munition« Albert Speer, der seit Februar 1942 im Amt war, wurde die Rüstungsproduktion gesteigert. Für den Krieg unwichtige Unternehmen wurden geschlossen. Große Teile der Bevölkerung, auch Zwangsarbeiter und KZ-Insassen, mussten oft mehr als 70 Stunden in der Woche in der Rüstungsindustrie arbeiten; Urlaub wurde kaum mehr gewährt. Einschränkungen in der Versorgung mit Lebensmitteln und Energie bestimmten den Alltag der Deutschen. Sport- und Kulturveranstaltungen wurden verboten, die Schulen und Universitäten geschlossen. Die Durchführung des Mordes an den Juden Europas, die seit dem Winter 1941/42 systematisch betrieben wurde, überlagerte häufig die Planungen für den ins Stocken geratenen Vormarsch oder die Versuche, noch einmal eine Offensive zu beginnen. Maschinen- und Zugkapazitäten sowie Mannschaften wurden nicht der Kriegführung zur Verfügung gestellt, sondern für die Durchführung des Holocaust eingesetzt.

Doch auch die Mobilisierung aller Kräfte – sowohl an der Front als auch in Deutschland, an der »Heimatfront« – konnten den erzwungenen Rückzug an allen Fronten nicht aufhalten. Alliierte Bombardements legten viele Städte (zum Beispiel Hamburg mit 30 000 Toten und Dresden mit 25 000 Toten) sowie die Infrastruktur und Rüstungsbetriebe in Trümmer. Die Hoffnung der Alliierten, dadurch den Widerstandswillen der Bevölkerung brechen zu können, erfüllte sich wegen des inneren Terrors und der Propaganda des NS-Regimes allerdings nicht.

Im Frühsommer 1943 begannen die Alliierten mit der Invasion Italiens. Nach der Eroberung Siziliens setzten der »Faschistische Großrat« und König Viktor Emmanuel III. den »Duce« (= Führer) Mussolini am 25. Juli 1943 ab. Wenige Monate später, im Herbst 1943, schloss Italien einen Waffenstillstand mit den Alliierten und erklärte dem

Deutschen Reich im Oktober den Krieg. Daraufhin marschierte die Wehrmacht in Italien ein, um die Front gegen die USA und ihre Verbündeten zu stützen. Doch die Alliierten, die von Süden auf das Reich vorrückten, waren unaufhaltsam.

Ähnlich war die Lage im Osten: Zwar begegnete das Deutsche Reich dem Vormarsch der Alliierten mit großem Aufwand an Menschen und Material. Im Juli 1943 tobte um die russische Stadt Kursk die größte Panzerschlacht des Weltkriegs. Sie forderte 55 000 Tote auf deutscher und dreimal so viele Tote auf sowjetischer Seite. Allerdings war dies die letzte Teiloffensive der Wehrmacht. Von da an gab es nur noch den Rückzug der deutschen Truppen. Hitlers Befehl, aufgegebenes Land soweit wie möglich zu zerstören (»Verbrannte Erde«) und bestimmte militärische Stellungen und Städte bis zum letzten Mann und »bis zur letzten Patrone« zu verteidigen, forderten unzählige Tote, brachten aber keine militärischen Erfolge mehr. Beim Rückzug der Wehrmacht aus dem Osten Europas wurde sichergestellt, dass keine Insassen von Konzentrationslagern oder Gefängnissen den Sowjets in die Hände fielen. Gestapo, Wehrmachtsoldaten und SS-Angehörige verübten – teils aus eigenem Antrieb, teils auf Befehl – Massaker unter den Gefangenen. Wer transport- oder noch arbeitsfähig war, wurde auf »Todesmärsche« in die Lager des Westens geschickt.

Im Sommer 1944 standen sowjetische Truppen dort, wo die Wehrmacht drei Jahre zuvor ihren Angriff auf die UdSSR begonnen hatte. Die Rote Armee trieb auf ihrem Vormarsch Flüchtlingstrecks vor sich her; Flucht vor den sowjetischen Soldaten und Vertreibung gingen Hand in

Hand. Im Januar 1945 erreichten die Truppen der UdSSR die Flüsse Oder und Neiße. Schon ein Vierteljahr später verlief die Ostfront in den Außenbezirken der Reichshauptstadt Berlin.

Die UdSSR hatte schon seit langem von den Westalliierten den Aufbau einer Front in Westeuropa gefordert, um den sowjetischen Vormarsch zu unterstützen und deutsche Truppen an weiteren Plätzen zu binden. Ab Juni 1944 rückten die Alliierten – US-Amerikaner und Briten – nach der Landung an der französischen Atlantikküste in der Normandie (»Operation D-Day«) auf Paris und die Westgrenzen des Reiches vor. Anfang September 1944 war Frankreich vollständig befreit; französische Verbände schlossen sich nun den Westalliierten an. Bereits im Herbst 1944 hatten erste alliierte Verbände Reichsgebiet erreicht. Im Winter 1944/45 konnte die Wehrmacht die Rheingrenze zwar noch halten und in den Ardennen sogar eine letzte Offensive durchführen. Doch trotz dieser kurzfristigen Erfolge und der Hoffnung, endlich die von der Propaganda lange versprochene »Wunderwaffe«, die nun entwickelte Rakete »V2«, einsetzen zu können, war auch die Westgrenze im März 1945 nicht mehr zu halten. Am 18. April kapitulierten 325 000 im Ruhrgebiet eingekesselte deutsche Soldaten, und eine Woche später trafen sich Amerikaner und Sowjets bei Torgau an der Elbe und reichten sich feierlich die Hand. Bis zum Ende des Monats dauerten die Kämpfe in Berlin. Hitler, der sich mit einigen Getreuen – darunter Joseph Goebbels – im Bunker unter der Reichskanzlei verbarrikadiert hatte, beging am 30. April 1945 Selbstmord, als sogar ihm klar geworden war, dass die Niederlage unabwendbar geworden war (Quelle 28).

Anfang Mai kapitulierten nach und nach weitere Truppenteile. Aus Furcht vor den Sowjets – die 25 Millionen Kriegstote zu beklagen hatten, etwa die Hälfte aller Opfer – bestand die Taktik von Hitlers Nachfolger, dem Admiral Karl Dönitz, darin, möglichst große Bevölkerungs- und Truppenteile in die westlichen Reichsgebiete zu holen. Wahrscheinlich hoffte die neue Führung sogar, den Kampf gegen die UdSSR mit den Westmächten – gestützt auf den gemeinsamen Antibolschewismus – fortsetzen zu können. Am 8./9. Mai 1945 schließlich erklärte Generalfeldmarschall Wilhelm Keitel in Berlin-Karlshorst die bedingungslose Kapitulation des Deutschen Reiches: Der Zweite Weltkrieg war zu Ende.

Die Zahl der Kriegstoten lässt sich nur schätzen, was zu einer langen wissenschaftlichen Debatte geführt hat. Mit aller Vorsicht lässt sich die Gesamtzahl der Getöteten auf mehr als 50 Millionen Soldaten und Zivilisten beziffern. Während des Krieges verloren knapp 4 Millionen deutsche Soldaten und mehr als 1,5 Millionen deutsche Zivilisten ihr Leben. Die UdSSR hatte die größte Zahl an Kriegstoten zu beklagen: über 25 Millionen Menschen. Polen hatte 6 Millionen Menschen im und durch den Krieg verloren – 17 Prozent der Vorkriegsbevölkerung. Zu den Toten des Zweiten Weltkriegs sind wegen der engen Verknüpfung von Kriegführung und Holocaust auch die etwa 6 Millionen ermordeten Juden zu zählen.

Viele Deutsche – wenn sie nicht Verfolgte des NS-Regimes gewesen waren – empfanden das Kriegsende eher als Niederlage denn als Befreiung. Der Zusammenbruch des Nationalsozialismus hatte jahrelange Hoffnungen zunichte gemacht, und auch die vielen Profiteure der NS-Herrschaft standen vor einer unsicheren Zukunft; nicht wenige Parteigänger und Funktionäre nahmen sich aus Angst vor Bestrafung das Leben. Viele Deutsche fürchteten einen »Diktatfrieden«, der noch schlimmer werden würde als der oft verteufelte »Schandfrieden« von Versailles. Millionen Flüchtlinge aus den Ostprovinzen, Ausgebombte und von den Nazis verschleppte Zwangsarbeiter und KZ-Insassen irrten durch Deutschland.

Alle Teilnehmerstaaten des Krieges waren von seinen materiellen wie immateriellen Folgen gezeichnet: Neben die Zerstörung großer Gebiete traten traumatisierte Gesellschaften, die Millionen von Getöteten, Ermordeten, Kriegsversehrten, Vertriebenen oder Geflohenen hinterließen. Die Angst vor der Zukunft erfüllte viele Menschen in ganz Europa. Es war der Beginn einer neuen Zeit, aber wie diese aussehen würde, wusste zu diesem Zeitpunkt noch niemand.

5 Opposition und Widerstand

Die Nationalsozialisten gewannen die Deutschen zum einen durch die Verführungen einer »Gefälligkeitsdiktatur« (Aly), zum anderen durch möglichst lückenlose Erziehung und Propaganda. Wer sich ihnen widersetzte, bekam den Druck des Staatsapparats zu spüren. Gleichwohl gab es Widerstand gegen das NS-Regime.

Was als Widerstand gelten kann, ist in der Forschung umstritten (siehe Kontroverse 4). Allgemein durchgesetzt hat sich ein Begriff, der viele Formen und Intensitätsstufen umfasst. Nach einer solch weiten Definition gehören also nicht nur die Militärs des Attentats vom 20. Juli 1944 oder die Mitglieder der »Weißen Rose« zum Widerstand, sondern auch Menschen, die sich der Allgegenwart der Diktatur nicht beugen wollten.

Als einzige der 1933 verbotenen und aufgelösten Parteien leistete die Kommunistische Partei (KPD) organisierten Widerstand. Tausende Kommunisten wurden bereits in den ersten Monaten der NS-Diktatur verhaftet oder zur Emigration gezwungen. Dennoch verteilten Parteimitglieder illegale Druckschriften, die über den Nationalsozialismus aufklärten, oder verübten Sabotageakte, um die Bevölkerung aufzurütteln. Bis 1938 wurden etwa 40 000 Mitglieder verhaftet, und der kommunistische Widerstand kam fast zum Erliegen.

Sozialistische Widerständler um Harro Schulze-Boysen, Arvid und Mildred Harnack arbeiteten mit der UdSSR – aber auch den USA – zusammen, um über die Kriegspläne der Wehrmacht zu informieren und Verfolgten die Flucht aus Deutschland zu ermöglichen. Ihr Ziel war es, die Diktatur zu beenden und ein neues Deutschland aufzubauen. Der Militärgeheimdienst bezeichnete die lose organisierte Gruppe als »Rote Kapelle«. Viele ihrer Mitglieder wurden 1942/43 inhaftiert und hingerichtet. Lange Zeit – in der Bundesrepublik – als »Handlanger« der Sowjetunion diffamiert oder – in der DDR – als »wahrhaft antifaschistischer Widerstand« glorifiziert, setzt sich heute eine Beurteilung durch, die nicht die Zusammenarbeit mit der UdSSR in den Vordergrund stellt, sondern die vielen unterschiedlichen Widerstandshandlungen der »Roten Kapelle« würdigt.

Die SPD und die Gewerkschaften wagten 1933 keinen offenen Widerstand, sondern suchten nach Möglichkeiten, im Untergrund als Organisation zu überleben. Zahlreiche Personen sammelten Informationen über Betriebe und Unternehmen, über NS-Organisationen wie die DAF oder über die Stimmung in der Bevölkerung. Über den Exilvorstand der SPD (genannt »Sopade«) um den Vorsitzenden Otto Wels, der sich im Frühjahr 1933 in Prag bildete, 1938 nach Paris floh und 1940 auflöste, sollte die Aufklärung über das Innenleben der NS-Diktatur die Weltöffentlichkeit erreichen.

Nationalkonservative Politiker wie Carl Goerdeler, Oberbürgermeister von Leipzig von 1930–1937, und Militärs wie Generaloberst Ludwig Beck, seit 1935 Generalstabschef des Heeres und 1938 wegen Opposition gegen Hitlers Kriegskurs zurückgetreten, knüpften ein weitgespanntes Widerstandsnetz, dem neben Konservativen auch Sozialdemokraten und Gewerkschafter angehörten. Sie planten einen Staatsstreich und die Ablösung der Diktatur durch einen Ständestaat, in dem die Regierung große Kompetenzen erhalten und dem indirekt gewählten Parlament ein nichtgewähltes »Reichsständehaus« (aus Vertretern von Berufsgruppen, Hochschulen und vom Staatsoberhaupt berufenen Persönlichkeiten) zur Seite gestellt werden sollte. »Der diktatorische oder tyrannische Führerstaat« sei, so Goerdeler in einer Denkschrift, »ebenso unmöglich wie der entfesselte überdemokratische Parlamentarismus«. Als das Stauffenberg-Attentat auf Hitler am 20. Juli 1944, das Beck und Goerdeler an die Macht hätte bringen sollen, scheiterte, wurden beide verhaftet und hingerichtet.

Eine Gruppe christlich geprägter Liberaler um Helmuth James Graf von Moltke und Peter Graf Yorck von Wartenburg, beide im Staatsdienst stehend, versammelten auf

Moltkes Gut Kreisau in Niederschlesien eine Gruppe Gleichgesinnter um sich. Dazu gehörten etwa der evangelische Theologe Eugen Gerstenmaier – später von 1954 bis 1969 Bundestagspräsident –, der Jesuitenpater Alfred Delp und der Reformpädagoge und Sozialdemokrat Adolf Reichwein. 1942/43 formulierte der Kreisauer Kreis sein Ziel der Überwindung des Nationalsozialismus und einer Neuorientierung des Staates auf christlicher Grundlage. Rechtsstaatlichkeit, Mitbestimmung in Staat und Betrieb, Selbstbestimmung und Verantwortung anstelle von Befehl und Gehorsam sollten wieder gelten. Staatsstreichpläne, die einen Mord an Hitler beinhalteten, lehnten die Kreisauer ab. Im Januar 1944 wurde Moltke verhaftet. Einige der Kreisauer stießen allerdings zum Kreis der Attentäter des 20. Juli. Mit ihnen zusammen wurden auch andere Kreisauer zum Tode verurteilt, unter anderem Moltke, Wartenburg, Reichwein und Delp. Zuständig war der »Volksgerichtshof«, ein von den Nationalsozialisten geschaffenes Gericht zur Aburteilung von Landes- und Hochverrat unter der Leitung von Roland Freisler, einem Richter, der für seine strikte nationalsozialistische Gesinnung berüchtigt war.

Durch die Ausschaltung der SA als militärischem Machtfaktor (1934) und die Förderung der Reichswehr hatten die Nationalsozialisten die Mehrheit des – häufig preußisch-wilhelminisch geprägten – Militärs auf ihre Seite gebracht. Der Neuaufbau der Wehrmacht – wie die Armee seit 1935 hieß – und die Expansionspläne des Reiches deckten sich mit ihren Zielen. Nur wenige hatten sich dem Kriegskurs Hitlers verweigert. Den Rücktritt Ludwig Becks von seinem Amt als Chef des Generalstabs im Oberkommando des Heeres und eine fingierte Affäre um die angebliche Homosexualität des Oberbefehlshabers des Heeres, Werner Freiherr von Fritsch, nutzte Hitler, um die Generäle, die vor einem übereilten Kriegsbeginn gewarnt hatten, gegen willfährige Militärs auszutauschen. Auch den Reichskriegsminister Werner von Blomberg, der Bedenken gegen den Vierjahresplan geäußert hatte, entließ Hitler. Das Kriegsministerium wurde nicht mehr besetzt. An seine Stelle trat das Oberkommando der Wehrmacht, das Hitler direkt unterstellt wurde. Sein Leiter, General Wilhelm Keitel, setzte die Kriegsvorbereitungen widerspruchslos um. Vor allem nach den anfänglichen Erfolgen der »Blitzkriege« (1939/40), die dem »Feldherrengenie« Hitlers zugeschrieben worden waren, hatten die meisten führenden Offiziere den »Führer« auch als obersten Kriegsherrn anerkannt.

Dennoch gab es in der Wehrmacht verschiedene Gruppen oppositioneller Offiziere. Mehrere Attentatsversuche hoher Offiziere waren bereits gescheitert. So hatten Henning von Tresckow und Georg von Boeselager am 13. März 1943 versucht, Hitler zu töten. Eine gute Woche später, am 21. März 1943, scheiterte Rudolf-Christoph Freiherr von Gersdorff. Auch die Attentatspläne von Axel von dem Bussche (16. Dezember 1943) und von Ewald Heinrich von Kleist (11. Februar 1944) kamen nicht zur Ausführung. Meist hatte Hitler den Ort des Geschehens vorzeitig verlassen. Zu den herausragenden Figuren des militärischen Widerstands gehörte Claus Graf Schenk von Stauffenberg. Er hatte rasch Karriere in der Wehrmacht gemacht, an den Feldzügen nach Polen, Frankreich und Afrika teilgenommen und war dort schwer verwundet worden. Er war kein Anhänger der parlamentarischen Demokratie, teilte vielmehr die in den 1920er Jahren entwickelten Vorstellungen des Kreises um den Dichter Stefan George von einer »nationalen Revolution« und einer Elite berufener »Führer«. Die Verwirklichung dieser Ideen, die die Nationalsozialisten für sich in Anspruch nahmen, verachtete er als primitiv und gewalttätig. Vor allem die Verletzungen des Kriegsrechts im Osten lehnte er ab. Ob er Antisemit war – einige briefliche Äußerungen legen die Vermutung nahe –, ist unter Historikern umstritten.

Im Juli 1944, als die Aussichtslosigkeit der militärischen Lage offenkundig war, beschlossen Stauffenberg und seine Vertrauten zu handeln. Der Kontakt zur Gruppe um Goerdeler und Beck und zum Kreisauer Kreis war hergestellt. Diese sollten nach der Ermordung Hitlers die neue Staatsspitze bilden. Stauffenberg und die Offiziere Friedrich Olbricht, Alfred Ritter Mertz von Quirnheim und Henning von Tresckow hatten auf der Grundlage eines bereits bestehenden Planes zur Bekämpfung innerer Unruhen den »Operationsplan Walküre« ausgearbeitet, der die Verschwörer nach der Ermordung des »Führers« in den Besitz des Staatsapparats bringen und so die NS-Führung ausschalten sollte.

Am 20. Juli 1944 sahen die Männer um Stauffenberg die Gelegenheit für ein Attentat gekommen. Stauffenberg, der als Stabschef des Allgemeinen Heeresamts Zugang zu den Lagebesprechungen im Führerhauptquartier »Wolfsschanze« in Ostpreußen hatte, brachte eine Bombe zur Detonation, durch die Hitler allerdings nur verletzt wurde. Stauffenberg war sofort nach dem Attentat nach Berlin geeilt, um die »Operation Walküre« einzuleiten. Da die Meldung, der Diktator habe überlebt, rasch in die Hauptstadt gelangte, verweigerten führende Offiziere die weitere Ausführung des Staatsstreichs. Stauffenberg, Olbricht, Quirnheim und der als Staatsoberhaupt vorgesehene Beck wurden noch in der gleichen Nacht standrechtlich erschossen; Henning von Tresckow beging einen Tag später Selbstmord (Quelle 26). Tausende von Regimegegnern wurden festgenommen. Bis in die letzten Tage der NS-Diktatur wurden Prozesse vor dem »Volksgerichtshof« inszeniert und zahllose Todesurteile gesprochen. Angehörige der Verschwörer wurden »in Sippenhaft« genommen und kamen ins Gefängnis oder in Konzentrationslager.

Der Name eines weiteren Attentäters ist spät bekannt geworden, weil die Behauptung der NS-Propaganda, er habe im Dienst des britischen Geheimdienstes gehandelt, bis zur Jahrtausendwende seine Anerkennung als Widerstandskämpfer vereitelt hat. Johann Georg Elser, ein schwäbischer Schreiner, hatte sich 1938 entschlossen, Hitler und die Führung der NSDAP zu töten: »Ich stellte allein Betrachtungen an, wie man die Verhältnisse der Arbeiterschaft verbessern und Krieg vermeiden könnte«, so Elser später im Verhör durch die Gestapo. Am 8. November 1939 zündete er bei der Rede, die Hitler jährlich aus Anlass des Putsches von 1923 im Münchner Bürgerbräukeller hielt, eine Bombe. Da der Diktator den Raum aber schon nach ungewöhnlich kurzer Zeit verlassen hatte, wurden nur acht Parteianhänger getötet. Elser versuchte, in die Schweiz zu fliehen, wurde aber beim illegalen Grenzübertritt verhaftet und kam in das Konzentrationslager Sachsenhausen, später nach Dachau. Nach Kriegsende sollte ein Schauprozess stattfinden. In den letzten Kriegswochen aber, am 9. April 1945, wurde Georg Elser auf Befehl Himmlers ermordet.

Hitler und Mussolini am Schauplatz des Attentats vom 20. Juli 1944

Neben diesen direkten Versuchen, die NS-Führung auszuschalten, gab es auch einige Gruppen jugendlichen Widerstands. Dazu gehörten beispielsweise die »Edelweißpiraten«, eine NS-Bezeichnung für Jugendliche aus dem Arbeitermilieu, die sich dem Drill der Hitler-Jugend verweigerten und das Recht beanspruchten, ihr Leben nach eigenen Maßstäben zu gestalten. Auch die »Swing-Jugend«, meist dem Bürgertum entstammend, verweigerte sich der Militarisierung der Erziehung und pflegte einen Lebensstil, der an den angelsächsischen Demokratien orientiert war. Erst die Verfolgung durch den Staatsapparat politisierte viele dieser ursprünglich unpolitischen Jugendlichen.

Im Unterschied dazu war der christlich motivierte, vorwiegend studentische Widerstand, der sich in München und anderen Städten Süddeutschlands formierte, von Anfang an ausdrücklich politisch: Er wandte sich in Flugblättern (Quelle 27) und durch an Hauswände gepinselte Parolen wie »Hitler Massenmörder« oder »Freiheit« gegen den NS-Staat. Durch Zufall wurden die Urheber entdeckt: Ein Hausmeister der Münchner Universität hatte am 18. Februar 1943 die Studenten Hans und Sophie Scholl aus dem Württembergischen beim Auslegen von Flugblättern beobachtet und denunziert. Mit den Geschwistern Scholl kamen Willi Graf, Christoph Probst, Alexander Schmorell und ihr Professor Kurt Huber vor den »Volksgerichtshof« unter Roland Freisler, der die Angeklagten zum Tode verurteilte. Bis Ende 1944 fanden gegen weitere Mitwisser Prozesse statt, bei denen meist langjährige Haftstrafen verhängt wurden.

Die Kirchen arrangierten sich zu großen Teilen mit dem NS-Regime: Die katholische Kirche hatte mit der Regierung Hitler/Papen bereits im Sommer 1933 ein Konkordat geschlossen, das Kirchenangehörige zwar jegliche politische Betätigung verbot, dagegen die Rechte katholischer Organisationen sichern sollte. Die protestantischen Landeskirchen spalteten sich in zwei Gruppen auf: die »Deutschen Christen«, deren Ziel eine Synthese aus christlicher Lehre und nationalsozialistischer Ideologie war, und die »Bekennende Kirche«, die sich dem widersetzte. Einzelne Geistliche beider großen Konfessionen erhielten Rede- und Schreibverbot und wurden in Konzentrationslager gebracht: so etwa auf evangelischer Seite Martin Niemöller und Dietrich Bonhoeffer (der am 9. April 1945 hingerichtet wurde), auf katholischer Seite der Berliner Domprobst Bernhard Lichtenberg – er starb bei der Einlieferung ins KZ –, der pazifistisch und ökumenisch eingestellte Max Josef Metzger (hingerichtet 1944) oder der Münsteraner Bischof Clemens August Graf von Galen, der sich in Predigten vehement gegen die Euthanasie aussprach.

Auch die »Bibelforscher« (heute als »Zeugen Jehovas« bekannt) entzogen sich dem NS-Staat und der Ideologisierung und Militarisierung des Alltags. So verweigerten sie etwa den Hitler-Gruß oder den Kriegsdienst. Etwa die Hälfte ihrer 25 000 bis 30 000 Mitglieder wurde während der zwölf Jahre der Diktatur verfolgt und kam ins KZ. Etwa 1500 Personen verloren ihr Leben.

Viele Regionalstudien haben in den letzten Jahren die verschiedenen Formen des Widerstands im alltäglichen Leben untersucht. Die Historiker Martin Broszat und Elke Fröhlich untersuchten beispielsweise das Verhalten der katholischen ländlichen Bevölkerung Bayerns, die sich lange dem totalitären Anspruch des NS-Staates entzog, und prägten dafür den Begriff der »Resistenz« (siehe Kontroverse 4).

6 Verdrängung und Erinnerung

Die Kapitulation des Deutschen Reiches war – wie von den Alliierten seit 1943 gefordert – bedingungslos. Die am 7. Mai in Reims und am 9. Mai 1945 in Berlin unterzeichnete Kapitulationsurkunde übertrug den Siegermächten das Recht, alle militärischen, politischen, ökonomischen und gesellschaftlichen Entscheidungen über Deutschland zu treffen. Einen Monat später gründeten die »Vier Mächte« USA, Großbritannien, die UdSSR sowie Frankreich, das nachträglich als Siegermacht anerkannt worden war, den »Alliierten Kontrollrat«, der über alle Deutschland als Ganzes

Zerstörtes Dresden im Sommer 1946

betreffenden Angelegenheiten entscheiden sollte. Das ehemalige Deutsche Reich verlor seine Gebiete östlich der Oder-Neiße-Linie und wurde in vier Besatzungszonen aufgeteilt.

Auf den Konferenzen von Teheran (1943), Jalta (Februar 1945) und Potsdam (Juli/August 1945) hatten die Alliierten beschlossen, die Verantwortlichen wegen der Vorbereitung eines Angriffskriegs, Kriegsverbrechen und weiteren Verbrechen gegen die Menschlichkeit zur Verantwortung zu ziehen. Der Internationale Militärgerichtshof von Nürnberg begann ab 20. November 1945 den ersten Prozess gegen die Hauptkriegsverbrecher des Dritten Reiches. Hermann Göring war nach den Selbstmorden von Hitler, Himmler und Goebbels der namhafteste der Angeklagten. Angeklagt wurden auch Rudolf Heß, bis zu seinem geheimnisvollen Flug nach Großbritannien im Mai 1941 der »Stellvertreter des Führers«, die ehemaligen Außenminister Konstantin Freiherr von Neurath und Joachim von Ribbentrop, Rüstungsminister Albert Speer, »Reichsjugendführer« Baldur von Schirach sowie der »Reichsminister für die besetzten Ostgebiete« Alfred Rosenberg. Gegen Martin Bormann, den allmächtigen »Sekretär des Führers« und faktischen Stellvertreter Hitlers, wurde in Abwesenheit verhandelt.

Grundlage des Prozesses war neben den Haager Abkommen von 1899 und 1907 auch eine Weiterentwicklung des Völkerrechts, die nun auch »Verbrechen gegen den Frieden« unter Strafe stellte. Nach fast einjähriger Verhandlungsdauer, während der der Öffentlichkeit das ganze Ausmaß der NS-Diktatur zu Bewusstsein gebracht wurde, wurden 12 der 24 Angeklagten zum Tode verurteilt und hingerichtet.

Göring gelang es, kurz vor seiner festgesetzten Hinrichtung durch den Strang Selbstmord zu begehen. Weitere Prozesse in Nürnberg, nun unter Verantwortung der USA, folgten: gegen Mitglieder des Auswärtigen Amts, gegen Unternehmer, führende Militärs, Ärzte und Juristen.

Die »Entnazifizierung«, eines der Hauptziele des Potsdamer Abkommens, wurde zunächst durch ein Verbot der NSDAP und aller ihrer Unterorganisationen sowie die Aufhebung aller Unrechts-Gesetze des NS-Regimes verwirklicht. Die Überprüfung ehemaliger NS-Funktionäre wurde in den verschiedenen Besatzungszonen unterschiedlich verwirklicht. In der Sowjetischen Besatzungszone (SBZ) richtete sie sich in größerem Ausmaß als im Westen gegen alle Belasteten, war aber auch mit der gesellschaftlichen und politischen Umgestaltung durch die UdSSR (»Sowjetisierung«) verbunden. Bis 1947 wurden über eine halbe Million Menschen aus ihren Positionen entfernt und durch Sozialisten und Kommunisten ersetzt. Neben NS-Tätern wurden auch Gegner der Sowjetisierung sowie willkürlich Denunzierte inhaftiert. In den Westzonen wurden – besonders nach Beginn des Kalten Krieges – die Verfahren »pragmatisch« durchgeführt. Der Wiederaufbau von Wirtschaft und Verwaltung hatte Vorrang, vor allem als nach 1948 die Verantwortung für die Entnazifizierung in westdeutsche Hände überging. Viele der Täter konnten sich so der juristischen Aufarbeitung des Dritten Reiches entziehen.

Eng mit der »Entnazifizierung« hing die Rede von der deutschen »Kollektivschuld« an den Verbrechen des Dritten Reiches zusammen. Viele sträubten sich gegen die Übernahme individueller Verantwortung und suchten das

Vergangene zu verdrängen. Theodor Heuss, der erste Bundespräsident der Bundesrepublik Deutschland, erinnerte in seinen Reden jedoch immer wieder an die NS-Diktatur und prägte den Begriff der »Kollektivscham«. Der Schriftsteller Ralph Giordano bezeichnete den Unwillen der deutschen Gesellschaft, sich der Vergangenheit zu stellen, als die »zweite Schuld« der Deutschen.

Die juristische Aufarbeitung der Verbrechen des Nationalsozialismus erhielt 1961 neue Impulse durch den Prozess gegen den »Organisator der Endlösung« Adolf Eichmann in Israel und 1963 durch den vom hessischen Oberstaatsanwalt Fritz Bauer, einem ehemaligen Emigranten, vorbereiteten Auschwitz-Prozess. Ein wesentliches Problem der Strafverfolgung bestand darin, dass individuelles Fehlverhalten nachgewiesen werden musste, was angesichts der arbeitsteiligen Organisation des Massenmords in den Vernichtungslagern nur selten möglich war. Deshalb mussten viele Täter freigesprochen werden. Ein Wandel in der Rechtsprechung kündigte sich an, als 2011 John Demjanjuk, ein ukrainisches Mitglied der SS-Hilfstruppen in Majdanek und Sobibor, wegen Beihilfe zum Mord in Tausenden von Fällen verurteilt wurde. Das Gericht betrachtete bereits seinen Dienst in der SS als ausreichend für eine Verurteilung, da er ein »Teil der Vernichtungsmaschinerie« gewesen sei. Seitdem wurden Dutzende weiterer Verfahren von der 1958 gegründeten »Zentralen Stelle der Landesjustizverwaltungen zur Aufklärung nationalsozialistischer Verbrechen« in Ludwigsburg vorbereitet.

Die immer wieder aufflackernden Debatten über das Dritte Reich zeigen, wie jede Generation sich aufs neue damit auseinandersetzt. Als ein Beispiel aus den 1980er Jahren kann die Rede des damaligen Bundespräsidenten Richard von Weizsäcker zum vierzigsten Jahrestag des Kriegsendes genannt werden. Er stellte in aller Deutlichkeit fest, der 8. Mai 1945 sei kein Tag der Niederlage, sondern der »Tag der Befreiung« gewesen: »Er hat uns alle befreit von dem menschenverachtenden System der nationalsozialistischen Gewaltherrschaft.« In der Gegenwart äußerte sich auch Bundespräsident Joachim Gauck deutlich zu den Verbrechen des Nationalsozialismus, so etwa 2013 in einer Rede in Oradour-sur-Glane, wo Wehrmachtsangehörige 1944 über 600 Dorfbewohner ermordet hatten, und am 27. Januar 2015, als er vor dem Bundestag feststellte: »Es gibt keine deutsche Identität ohne Auschwitz«.

Ebenfalls in den 1980er Jahren setzten Historiker und Publizisten sich angesichts der Verbrechen des Stalinismus mit der »Singularität« des Holocaust auseinander. Gegen Ernst Nolte, der behauptete, die Lager der UdSSR seien das Vorbild für die Vernichtungslager der Nazis gewesen, stellte Eberhard Jäckel fest, dass »noch nie zuvor ein Staat mit der Autorität eines verantwortlichen Führers beschlossen und angekündigt hatte, eine bestimmte Menschengruppe einschließlich der Alten, der Frauen, der Kinder und der Säuglinge möglichst restlos zu töten, und diesen Beschluss mit allen nur möglichen staatlichen Machtmitteln in die Tat umsetzte« (Jäckel 1986b).

Forschungen, die sich nicht nur mit den führenden Personen des NS-Regimes beschäftigen, sondern auch mit der Rolle »ganz normaler Männer« (Browning), erregen immer wieder öffentlichen Widerspruch, da das oft sorgsam gepflegte Bild, die kleinen Leute hätten eben mitmachen müssen, damit zerstört wird. Ein Beispiel dafür ist die heftige Diskussion um die Wanderausstellung »Vernichtungskrieg. Verbrechen der Wehrmacht 1941 bis 1944«, die in der zweiten Hälfte der 1990er Jahre durch Deutschland tourte und das Bild von der angeblich »sauberen Weste« des Militärs korrigierte. Demonstrationen ehemaliger Wehrmachtsangehöriger und rechter Politiker gegen die Ausstellung prägten die öffentliche Debatte. Die Kritik an der Ausstellung, die teilweise auch handwerkliche Gründe hatte – etwa der schludrige Umgang mit Fotos –, führte zu einer Überarbeitung, welche die Grundaussage bestätigte und zwischen 2001 und 2004 gezeigt wurde.

Nach einigen frühen Filmdokumentationen – etwa Erwin Leisers *Mein Kampf* (1959) oder Alain Resnais' *Nacht und Nebel* (1955) über die Vernichtungslager – sind im Fernsehen mittlerweile fast täglich Sendungen über das Dritte Reich zu sehen. Auch Spielfilme haben sich auf ganz unterschiedliche Weise mit der Zeit beschäftigt, so etwa *Schindlers Liste* von Steven Spielberg (1993), *Das Leben ist schön* von Roberto Benigni (1997) oder *Inglorious Basterds* von Quentin Tarantino (2009).

II Kontroversen

1 Adolf Hitler – ein starker oder ein schwacher Diktator?

Wer die Allgegenwärtigkeit des »Führers« in der Propaganda des Dritten Reiches bedenkt, wird über den Historiker Hans Mommsen erstaunt sein, der 1971 Hitler einen »in mancher Hinsicht schwachen Diktator« nannte (Mommsen 1971, 702). Mag der Ausspruch auch überzogen erscheinen, weist er doch auf einen Grundwiderspruch des NS-Regimes hin: Ganz im Gegensatz zum Bild eines völlig auf Hitler bezogenen, in allen Entscheidungen auf ihn konzentrierten Staates stand die Wirklichkeit vieler, sogar konkurrierender Einflusszentren und häufig chaotischer Beschlüsse. Bereits zeitgenössische Analysen des Dritten Reiches verwiesen auf den nationalsozialistischen »Doppelstaat«: Neben dem traditionellen »Normenstaat«, der durch Recht und Gesetz und einen funktionierenden Beamtenapparat charakterisiert ist, habe ein von Hitler und der NSDAP gelenkter terroristischer »Maßnahmenstaat« (Fraenkel) gestanden. Dies führte, so Fraenkel, zu opportunistischen Entscheidungen und zu Führungschaos. Der 1936 in die USA emigrierte Politikwissenschaftler Franz Neumann nannte den NS-Staat einen »Unstaat«, »ein Chaos, eine Herrschaft der Gesetzlosigkeit und Anarchie, welche die Rechte wie die Würde des Menschen ›verschlungen‹ hat« (Neumann 1984, 16).

Die Deutungen Fraenkels und Neumanns beeinflussten nach 1945 Historiker, die die polykratische, also von vielen Machtzentren geprägte Struktur des NS-Regimes darstellten. Gegen die Erklärung des Dritten Reichs vor allem aus der Ideologie und Person Hitlers wandte sich beispielsweise Hans Mommsen mit der Bemerkung, er könne nicht glauben, dass es ausreiche, die Ermordung von vielen Millionen Juden »mit Hitlers fanatischem Antisemitismus« zu erklären (Mommsen 1977, 67). Mommsen, dessen Ansicht als »strukturalistisch« oder »funktionalistisch« bezeichnet wurde, da sich seine Analyse weniger auf Personen, sondern in erster Linie auf die Struktur und die Funktionsweise der nationalsozialistischen Herrschaft bezog, wies darauf hin, dass das Programm der NSDAP eine Mischung unterschiedlichster Ansätze gewesen sei. Er spricht deshalb von der Partei als »eher einer Vielzahl miteinander konkurrierenden Klientelen als einer schlagkräftigen, bürokratisch durchorganisierten Herrschaftsapparatur« (Mommsen 1971, 701). Nach 1933 sei es nicht gelungen, einen im strengen Sinne nationalsozialistischen Staat aufzubauen. Ansätze dazu – etwa eine neue Verfassung des Innenministers Wilhelm Frick – seien gescheitert und von Hitler auf einen ungewissen Zeitpunkt verschoben worden. Auf allen Ebenen hätten Parteifunktionäre und Staatsbeamte gegeneinander gekämpft. Gerade Hitler habe sich vor Entscheidungen häufig gedrückt. Es gelte, so hieß es zum Beispiel in einer Denkschrift der Parteikanzlei von 1942, die Dinge wachsen zu lassen, »bis der Stärkste sich durchgesetzt hat«. Gegen Ende des Krieges habe Hitler Befehle gegeben, die – für viele erkennbar – nichts mehr mit der Realität zu tun gehabt hätten. Um den Eindruck der Entscheidungskraft des Führers nicht zu zerstören, habe die Propaganda bei allen Beschlüssen die Führungskraft Hitlers herausgestellt. Doch schon die Zeitgenossen schienen an seiner Allmacht zu zweifeln, denn häufig hörte man den Spruch: »Wenn das der Führer wüsste ...«.

Historiker wie Klaus Hildebrand oder Eberhard Jäckel, die als »Intentionalisten« bezeichnet werden, betonten dagegen – vor allem in Bezug auf die Außenpolitik – die zentrale Rolle Hitlers und seiner »Weltanschauung«. Die Geschichte des Dritten Reiches könne als »Vollzug einer Weltanschauung« (Jäckel 1986a) begriffen werden, freilich nicht im Sinne eines genau kalkulierten Plans, sondern einer »Willens-Achse« (Funke, 13), in der die Ziele klar, die Wege dorthin aber situationsabhängig gewesen seien.

Heute hat sich die Meinung weitgehend durchgesetzt, die von Eberhard Jäckel bereits 1986 wie folgt formuliert wurde: Konkurrenz der Interessengruppen sei ein »Wesensmerkmal von Monokratie, und insofern kann man sie auch Polykratie nennen.« Die entscheidende Frage sei nur, ob Hitler seinen Willen durchgesetzt habe oder nicht (Jäckel 1986a, 64). Unterstützt wurde die Sicht von neueren Forschungen, die die tägliche Regierungspraxis genauer untersucht und gezeigt haben, dass viele Deutsche die Weltanschauung Hitlers in hohem Maße geteilt haben. Es habe in Hitlers Interesse gelegen, die Rivalitäten von Entscheidungsträgern zu fördern, auch Entschlüsse aufzuschieben, um so seine Entscheidungskompetenz als unumstrittener Führer, der über allen anderen stand, letztlich zu bestärken. Die »polykratische Desorganisation«, so der Historiker Dieter Rebentisch, sei »geradezu eine Voraussetzung für die führerstaatliche Autokratie Hitlers« gewesen (Rebentisch, 553). Ian Kershaw stellte 1998 fest, die Gleichzeitigkeit polykratischer und monokratischer Herrschaft lasse sich mit Hitlers »charismatischer Herrschaft«

(ein von dem Soziologen Max Weber geprägter Begriff) erklären, die mehr von den »gesellschaftlichen Erwartungen und Motivationen, die Hitlers Anhänger auf ihn übertrugen« (Kershaw 1998, 23), als von seiner Persönlichkeit abhing. Die Radikalisierung des Regimes sei, so Kershaw, dadurch zu erklären, dass Parteifunktionäre und Staatsbeamte auf allen Ebenen dem »Führer entgegen gearbeitet« hätten (Kershaw 2000b, 60). Hinter der Frage, ob Hitler ein schwacher oder ein starker Diktator war, steht nämlich immer auch die Frage, wie weit die Mitverantwortung der restlichen Deutschen im Dritten Reich reichte.

2 Nationalsozialismus und Modernisierung – ein Widerspruch?

In den 1990er Jahren forderten mehrere Historiker, dass man sich nicht nur auf Hitlers fanatischen Antisemitismus und die Mordexzesse im Krieg konzentrieren dürfe. Vielmehr müsse man die Deportation und Ermordung von Slawen, Juden und Roma als Teil einer umfassenden Sozialplanung sehen, die »die soziale mit der nationalen Homogenisierung« verbunden habe (Aly 2002). Der polnische Soziologe Zygmunt Bauman hat gar den Holocaust »das verborgene Potenzial der modernen Zivilisation« genannt, da er mit – scheinbar rationalen – Mitteln eine perfekte Gesellschaft habe schaffen wollen (Bauman, 4 f.).

Diese Auffassung birgt für die Analyse des Nationalsozialismus durchaus Potenzial. Sie setzt allerdings eine Definition von »Modernisierung« voraus, welche die Verdrängung traditioneller Gesellschaften nur durch den Wandel hin zu Industrialisierung und Urbanisierung, Säkularisierung und Rationalisierung fasst. Historiker können dann darüber streiten, ob die Modernisierung etwa im Sozial- und Gesundheitssystem intendiert war oder eher beiläufig erreicht wurde. Es wird jedoch deutlich, dass wichtige Grundlagen Nachkriegsdeutschlands bereits vor 1945 gelegt worden sind.

Anders sieht es aus, wenn der Begriff der Moderne unauflösbar mit Menschenrechten und Demokratie verbunden wird. Dann kann die zweifellos teilweise erfolgte Modernisierung im Dritten Reich nur als »vorgetäuschte Modernisierung« (Mommsen 1991, 405) bezeichnet werden oder als »Antimodernisierungsbewegung«, die sich »hypermoderner« Mittel bedient habe (Nipperdey, 57).

3 »Hitlers Volksstaat« (Aly) – Vorläufer des modernen Sozialstaats?

2005 erregte der Historiker Götz Aly große Aufmerksamkeit mit einem Buch über *Hitlers Volksstaat. Raub, Rassenkrieg und nationaler Sozialismus*. Aly hatte bereits im Jahrzehnt vorher den Holocaust als einen Teil »einer umfassenden, in kühler Rationalität entwickelten gigantischen Sozialplanung europäischen Ausmaßes« analysiert, der auf die ökonomische Besserstellung der Deutschen in Europa gezielt habe (zitiert nach Kißener, 35). Nun versuchte Aly zu erklären, wie »ein im Nachhinein so offenkundig betrügerisches, größenwahnsinniges und verbrecherisches Unternehmen wie der Nationalsozialismus auf ein derartig hohes, den Heutigen kaum erklärbares Maß an innenpolitischer Integration erreichen« konnte (Aly, 36). Seine Antwort lautete: Die NS-Diktatur sei eine »Gefälligkeitsdiktatur« gewesen. Hitler und die NS-Führung seien »klassische Stimmungspolitiker« gewesen, die sich »den öffentlichen Zuspruch oder wenigstens die Gleichgültigkeit jeden Tag neu« erkauft hätten: »Auf der Basis von Geben und Nehmen errichteten sie eine jederzeit mehrheitsfähige Zustimmungsdiktatur« (ebd.).

Götz Aly begreift den Nationalsozialismus und sein »völkische[s] Gleichheitsversprechen« (358) im Zusammenhang mit der »soziale[n] Aufwärtsmobilisierung der Massen« (360) im 20. Jahrhundert. Als Beispiel nennt er etwa den Finanzstaatssekretär Fritz Reinhardt, Nationalsozialist seit 1926, dem als Sohn eines Buchbinders keine berufliche Karriere in der Weimarer Republik gelang und der gerade deshalb in der NS-Zeit immer wieder mit besonders radikalen Vorschlägen hervortrat. Sein Minister war der zunächst parteilose, später zum NS-Ehrenmitglied ernannte Lutz Graf Schwerin von Krosigk, der schon während der Weimarer Republik im Reichsfinanzministerium gearbeitet hatte, seit 1932 als Minister. In diesem Spitzen-Duo habe sich die für den »Nationalsozialismus so charakteristische Mischung« gezeigt: »der glänzend ausgebildete, adelige Minister und der aus kleinen Verhältnissen aufgestiegene Staatssekretär« (25). Der Minister stehe stellvertretend für die große Zahl von Beamten, Wissenschaftlern und Intellektuellen, die »die unbestimmte, in sich widersprüchliche NS-Ideologie von innen heraus« rationalisiert hätten (ebd.). Der Staatssekretär sei ein Beispiel für die »jugendhafte, ins Kollektiv-Fiebrige übersteigerte Bedenkenlosigkeit« des Nationalsozialismus, seiner »Lust am technisch Machbaren« (16). Neben der radikalen Revision des Versailler Vertrags sei diese »bis dahin unbekannte, jugendhaft-bedenkenlose Beschleunigung politischer Beschlüsse und Aktionen« eine wesentliche Stütze des NS-Staates gewesen (358).

Als weiteres Element für Hitlers Rückhalt nennt Aly »das völkische Gleichheitsversprechen« (ebd.). Aly legt dar, dass die Erfahrung des Ersten Weltkrieges, während dessen die Deutschen gehungert hätten, die Nazis dazu gebracht habe, Lebensmittel so zu verteilen, »dass die Vergabe von den einfachen Leuten als gerecht empfunden wurde« (36). Mehr noch: »In dem mit dem 1. September 1939 verfügten Kriegssozialismus sahen viele Deutsche die glaubhafte, gewissermaßen negative Vorform einer gerechteren Gesellschaftsordnung« (358).

Dass diese nur für die Deutschen gegolten habe, nicht für Nichtdeutsche und vor allem nicht für Juden, zeige einmal mehr den sich gegenseitig bedingenden Zusammenhang von Inklusion und Exklusion: »Die Einheit von Sozial- und Rassenpolitik, das im zeitgenössischen Vergleich beispiellose sozialpolitische Appeasement, festigte das Massenvertrauen immer wieder neu.« (360)

Finanziert habe die NS-Führung dies durch eine in der deutschen Geschichte beispiellose Umverteilung. Aly zeigt dies exemplarisch an der Politik des Finanzministeriums und seiner Steuer- und Währungspolitik. Die Sozialpolitik des Dritten Reiches sei durch Beraubung und Enteignung der Juden sowie der im Krieg besetzten Länder finanziert worden. »Öffentliche Habgier« und »nationalsoziale [sic!] Bereicherung« hätten es ermöglicht, »die Masse des Volkes mit einer Mischung aus milder Steuerpolitik, guter Versorgung und punktuellem Terror an den Rändern der Gesellschaft wenigstens ruhig zu stellen« (ebd.). Aly folgert, die

NS-Führung habe also »die Deutschen mehrheitlich weder in Fanatiker noch in überzeugte Herrenmenschen« verwandelt, sondern sie »zu Nutznießern und Nutznießerchen« gemacht; Soldaten bezeichnet er als »bewaffnete Butterfahrer« (361).

Die Darstellung Alys ist in der Fachwissenschaft vielfach kritisiert worden. Die meisten Historiker sind sich zwar einig, dass Aly die Geschichtswissenschaft durch seine zugespitzt vorgetragenen Thesen herausfordere und sie durch neue Fragestellungen voranbringe. Dennoch wird eingewandt, dass er häufig Fakten und Erkenntnisse so verwende, wie es in sein Konzept passe. Gegenüber seinem Konzept eines »nationalen Sozialismus« wird vor allem eingewandt, dass eine genaue Betrachtung der Lebensverhältnisse – etwa der Lebensmittelversorgung, der Lohnentwicklung etc. – gerade nicht die These bestätige, die Arbeiter hätten wesentlich von der NS-Sozialpolitik profitiert. So verweist etwa Winfried Süß darauf, dass zwar »die für Normalverbraucher verfügbare Kalorienmenge bis Ende 1944 nominell einigermaßen stabil« geblieben sei, jedoch ein »massive[s] Defizit in der Proteinversorgung« entstanden sei, das zu wesentlich erhöhter Sterblichkeit geführt habe (Süß 2005). Rüdiger Hachtmann zeigt, dass die »nominellen Bruttostundenverdienste deutscher Arbeiter beiderlei Geschlechts [...] noch 1943 um 8,0% unter dem Stand von 1929« gelegen hätten (Hachtmann 2005); die Zunahme des Gesamtverdienstes liege an der ungeheuren Erhöhung der angeordneten Wochenarbeitszeit. Das »sozialpolitische Appeasement«, das Aly der NS-Politik zuschreibe, lasse »bestenfalls kurzfristige Zustimmungseffekte erkennen« (Süß 2005).

Einig sind sich die meisten Historiker gleichwohl, dass Aly die Beraubung und Enteignung der Juden erstmals in ihrem gesamteuropäischen Zusammenhang analysiert habe. Allerdings verkenne er die ideologische Radikalität der NS-Führung um Hitler, Himmler und Goebbels, indem er die Shoah vor allem mit ökonomischen Motiven erkläre. Die sozialpolitischen Maßnahmen des NS-Staates, so Süß, hätten vor allem dem »Ausbau des erbbiologischen Kontroll- und Interventionsapparats« gedient (ebd.). Gegen Alys These, dass der nationalsozialistische »Volksstaat« seine Fortsetzung in der frühen Bundesrepublik und ihrer Sozialen Marktwirtschaft gefunden habe, verwehren sich die meisten seiner Kritiker und bezeichnen sie als »geradezu abwegig«: »Der NS-Staat war ein Staat der Räuber und Massenmörder. Ein Sozialstaat war er mit Sicherheit nicht« (ebd.).

Was bleibt angesichts der detaillierten Kritik an Alys *Volksstaat*? Rüdiger Hachtmann beharrt darauf: »Die Forschung sollte [...] Alys neues Buch als produktive Anregung begreifen, die hier angeschnittenen Themen differenzierter zu untersuchen« (Hachtmann 2005).

4 Widerstand: Nur die Tat zählt?

Die deutsche Öffentlichkeit reagierte nach 1945 auf die NS-Diktatur lange mit der Ausflucht, man habe nichts dagegen unternehmen können, ohne sein Leben zu gefährden. Den Widerstand gegen den Nationalsozialismus verklärte man deshalb umso mehr, je näher er der eigenen politischen Haltung gestanden hatte. Dies erklärt auch, warum der konservativ-militärische Widerstand vor allem der Attentäter vom 20. Juli 1944 oder der Widerstand der christlich motivierten »Weißen Rose« die Erinnerungspolitik der jungen Bundesrepublik prägte. Dagegen gehörte der kommunistische Widerstand, der »Roten Kapelle« etwa, zu den Grundlagen der sich als »antifaschistisch« verstehenden Deutschen Demokratischen Republik. Das häufig unausgesprochene Eingeständnis eigenen Versagens verschärfte die erbitterten öffentlichen Debatten über Widerstand gegen den Nationalsozialismus und seine Möglichkeiten.

Der Begriff des Widerstands wurde in der historischen Diskussion erst allmählich entfaltet, um die Bandbreite der Opposition gegen die NS-Diktatur fassen zu können. Zunächst stand vor allem das Kriterium des Erfolgs im Mittelpunkt der Betrachtung. So war der 20. Juli 1944 für den 1938 emigrierten und erst 1951 zurückgekehrten Historiker Hans Rothfels in einer schon 1948 erschienenen »Würdigung« wichtig, da er seinem »Ziele nahe kam« (Rothfels, 15). Wer nur »wegen gelegentlicher Äußerungen der Kritik« von den Nationalsozialisten verfolgt worden sei, den wollte er nur unter Vorbehalt zum Widerstand zählen. 1963 entwickelte Eberhard Bethge ein Modell, das fünf Stufen des Widerstands klassifizierte: passiver Widerstand, offener ideologischer Gegensatz, Mitwisserschaft an Umsturzvorbereitungen, aktive Vorbereitung der Zeit nach einem Umsturz und »aktive Konspiration«. Sein Bild des Widerstands war wesentlich geprägt von seiner eigenen Rolle als Mitarbeiter des protestantischen Theologen Dietrich Bonhoeffer, der 1945 auf ausdrücklichen Befehl Hitlers hingerichtet worden war. Noch Karl Dietrich Erdmann wollte 1976 nicht »alles, was der nationalsozialistischen Bewegung fernblieb«, zum Widerstand rechnen (Erdmann, 570).

Detlef Peukert entwickelte 1982 ein differenziertes Modell von Widerstandshaltungen, das schon Formen von »Nonkonformität« und »Verweigerung« neben »Protest« und Aktivitäten mit dem Ziel des Sturzes des Regimes beinhaltete (Peukert, 97). Martin Broszat entfaltete in den 1980er Jahren den Begriff der »Resistenz« und meinte damit die »wirksame Abwehr, Begrenzung oder Eindämmung der NS-Herrschaft oder ihres Anspruches, gleichgültig von welchen Motiven, Gründen und Kräften her« (Broszat, 50). An diesem Begriff entzündete sich in den 1990er Jahren eine heftige Kontroverse. Man warf Broszat vor, er weiche den Widerstandsbegriff zu sehr auf, so dass schon eine eingeschränkte Bejahung der Ziele des NS-Regimes dazu gerechnet werden könnte. Die polykratische Struktur des NS-Regimes habe mit der Resistenz Einzelner durchaus flexibel umgehen, sie sich sogar zunutze machen können.

Allerdings hat sich die Einsicht durchgesetzt, dass in einer totalitären Diktatur bereits abweichendes Verhalten ein wesentliches Kriterium für Widerstand darstellt, sogar wenn es von partieller Bejahung begleitet ist. Die Betrachtung von Widerstand kann nicht losgelöst von den Herrschaftsverhältnissen erfolgen. Dies wurde seither in vielen Studien von Einzel- und Kollektivbiographien, Regionen und gesellschaftlichen Milieus untersucht. Widerstand wird heute als Gegensatz zur Diktatur Hitlers, aber auch als Teil des Dritten Reiches behandelt.

III Quellen

1
Aus dem Programm der NSDAP (24. Februar 1920)

Das in der Satzung der NSDAP als unabänderlich erklärte Programm stammt von Gottfried Feder (1883–1941).

Das Programm der Deutschen Arbeiterpartei ist ein Zeit-Programm. Die Führer lehnen es ab, nach Erreichung der im Programm aufgestellten Ziele neue aufzustellen, nur zu dem Zwecke, um durch künstlich gesteigerte Unzufriedenheit der Massen das Fortbestehen der Partei zu ermöglichen.
1. Wir fordern den Zusammenschluß aller Deutschen auf Grund des Selbstbestimmungsrechtes der Völker zu einem Groß-Deutschland.
2. Wir fordern die Gleichberechtigung des deutschen Volkes gegenüber den anderen Nationen, Aufhebung der Friedensverträge von Versailles und St. Germain.
3. Wir fordern Land und Boden (Kolonien) zur Ernährung unseres Volkes und Ansiedlung unseres Bevölkerungs-Überschusses.
4. Staatsbürger kann nur sein, wer Volksgenosse ist. Volksgenosse kann nur sein, wer deutschen Blutes ist, ohne Rücksichtnahme auf Konfession. Kein Jude kann daher Volksgenosse sein.
5. Wer nicht Staatsbürger ist, soll nur als Gast in Deutschland leben können und muß unter Fremdengesetzgebung stehen.
6. Das Recht, über Führung und Gesetze des Staates zu be-

stimmen, darf nur dem Staatsbürger zustehen. Daher fordern wir, daß jedes öffentliche Amt, gleichgültig welcher Art, gleich ob im Reich, Land oder Gemeinde, nur durch Staatsbürger bekleidet werden darf.

Wir bekämpfen die korrumpierende Parlamentswirtschaft einer Stellenbesetzung nur nach Parteigesichtspunkten ohne Rücksichten auf Charakter und Fähigkeiten.

7. Wir fordern, daß sich der Staat verpflichtet, in erster Linie für die Erwerbs- und Lebensmöglichkeit der Staatsbürger zu sorgen. Wenn es nicht möglich ist, die Gesamtbevölkerung des Staates zu ernähren, so sind die Angehörigen fremder Nationen (Nicht-Staatsbürger) aus dem Reiche auszuweisen.

[...]

10. Erste Pflicht jedes Staatsbürgers muß sein, geistig oder körperlich zu schaffen. Die Tätigkeit des einzelnen darf nicht gegen die Interessen der Allgemeinheit verstoßen, sondern muß im Rahmen des Gesamten und zum Nutzen aller erfolgen.

Daher fordern wir:

11. Abschaffung des arbeits- und mühelosen Einkommens.

Brechung der Zinsknechtschaft.

[...]

13. Wir fordern die Verstaatlichung aller (bisher) bereits vergesellschafteten (Trusts) Betriebe.

14. Wir fordern Gewinnbeteiligung an Großbetrieben.

15. Wir fordern einen großzügigen Ausbau der Alters-Versorgung.

16. Wir fordern die Schaffung eines gesunden Mittelstan-

des und seine Erhaltung, sofortige Kommunalisierung der Groß-Warenhäuser und ihre Vermietung zu billigen Preisen an kleine Gewerbetreibende, schärfste Berücksichtigung aller kleinen Gewerbetreibenden bei Lieferung an den Staat, die Länder oder Gemeinden.

[...]

19. Wir fordern Ersatz für das der materialistischen Weltordnung dienende römische Recht durch ein deutsches Gemeinrecht.

20. Um jedem fähigen und fleißigen Deutschen das Erreichen höherer Bildung und damit das Einrücken in führende Stellung zu ermöglichen, hat der Staat für einen gründlichen Ausbau unseres gesamten Volksbildungswesens Sorge zu tragen. Die Lehrpläne aller Bildungsanstalten sind den Erfordernissen des praktischen Lebens anzupassen. Das Erfassen des Staatsgedankens muß bereits mit dem Beginn des Verständnisses durch die Schule (Staatsbürgerkunde) erzielt werden. Wir fordern die Ausbildung besonders veranlagter Kinder armer Eltern ohne Rücksicht auf deren Stand oder Beruf auf Staatskosten.

21. Der Staat hat für die Hebung der Volksgesundheit zu sorgen durch den Schutz der Mutter und des Kindes, durch Verbot der Jugendarbeit, durch Herbeiführung der körperlichen Ertüchtigung mittels gesetzlicher Festlegung einer Turn- und Sportpflicht, durch größte Unterstützung aller sich mit körperlicher Jugend-Ausbildung beschäftigenden Vereine.

22. Wir fordern die Abschaffung der Söldnertruppe und die Bildung eines Volksheeres.

23. Wir fordern den gesetzlichen Kampf gegen die *bewußte* politische Lüge und ihre Verbreitung durch die Presse. Um

die Schaffung einer deutschen Presse zu ermöglichen, fordern wir, daß:

a) sämtliche Schriftleiter und Mitarbeiter von Zeitungen, die in deutscher Sprache erscheinen, Volksgenossen sein müssen,
b) nichtdeutsche Zeitungen zu ihrem Erscheinen der ausdrücklichen Genehmigung des Staates bedürfen. Sie dürfen nicht in deutscher Sprache gedruckt werden,
c) jede finanzielle Beteiligung an deutschen Zeitungen oder der Beeinflussung durch Nicht-Deutsche gesetzlich verboten wird und fordern als Strafe für Übertretungen die Schließung eines solchen Zeitungsbetriebes, sowie die sofortige Ausweisung der daran beteiligten Nicht-Deutschen aus dem Reich.

   Zeitungen, die gegen das Gemeinwohl verstoßen, sind zu verbieten. Wir fordern den gesetzlichen Kampf gegen eine Kunst- und Literatur-Richtung, die einen zersetzenden Einfluß auf unser Volksleben ausübt und die Schließung von Veranstaltungen, die gegen vorstehende Forderungen verstoßen.

24. Wir fordern die Freiheit aller religiösen Bekenntnisse im Staat, sowie sie nicht dessen Bestand gefährden oder gegen das Sittlichkeits- und Moralgefühl der germanischen Rasse verstoßen.

Die Partei als solche vertritt den Standpunkt eines positiven Christentums, ohne sich konfessionell an ein bestimmtes Bekenntnis zu binden. Sie bekämpft den jüdisch-materialistischen Geist *in* und *außer* uns und ist überzeugt, daß eine dauernde Genesung unseres Volkes nur erfolgen kann von innen heraus auf der Grundlage:

Gemeinnutz vor Eigennutz.

25. Zur Durchführung alles dessen fordern wir: Die Schaffung einer starken Zentralgewalt des Reiches. Unbedingte Autorität des politischen Zentralparlaments über das gesamte Reich und seine Organisationen im allgemeinen.

Die Bildung von Stände- und Berufskammern zur Durchführung der vom Reich erlassenen Rahmengesetze in den einzelnen Bundesstaaten.

Die Führer der Partei versprechen, wenn nötig unter Einsatz des eigenen Lebens für die Durchführung der vorstehenden Punkte rücksichtslos einzutreten.

D: Gottfried Feder: Das Programm der NSDAP und seine weltanschaulichen Grundlagen. 166.–169. Aufl. (Nationalsozialistische Bibliothek 1). München: Zentralverlag der NSDAP, Franz Eher Nachf., 1935. S. 15–18.

2
Hitler über den »Kampf ums Dasein« und das »Führerprinzip« (1924)

In seiner Programmschrift Mein Kampf, *deren zwei Bände zwischen 1924 und 1926 entstanden, beschreibt Hitler seine Vorstellung vom »Kampf ums Dasein« und der Rolle des Einzelnen:*

Es wäre ein Wahnwitz, den Wert des Menschen nach seiner Rassenzugehörigkeit abschätzen zu wollen, mithin dem marxistischen Standpunkt: Mensch ist gleich Mensch den Krieg zu erklären, wenn man dann doch nicht entschlossen ist, auch die letzten Konsequenzen zu ziehen.

Die letzte Konsequenz der Anerkennung der Bedeutung des Blutes, also der rassenmäßigen Grundlage im allgemeinen, ist aber die Übertragung dieser Einschätzung auf die einzelne Person. So wie ich im allgemeinen die Völker auf Grund ihrer rassischen Zugehörigkeit verschieden bewerten muß, so auch die einzelnen Menschen innerhalb einer Volksgemeinschaft. [...]

Die erste Konsequenz dieser Erkenntnis ist zugleich die, ich möchte sagen, gröbere, nämlich der Versuch, die innerhalb der Volksgemeinschaft als rassisch besonders wertvoll erkannten Elemente maßgeblichst zu fördern und für ihre besondere Vermehrung Sorge zu tragen.

[...]

Eine Weltanschauung, die sich bestrebt, unter Ablehnung des demokratischen Massengedankens, dem besten Volk, also den höchsten Menschen, diese Erde zu geben, muß logischerweise auch innerhalb diese Volkes wieder dem gleichen aristokratischen Prinzip gehorchen und den besten Köpfen die Führung und den höchsten Einfluß im betreffenden Volke sichern. Damit baut sie nicht auf dem Gedanken der Majorität, sondern auf dem der Persönlichkeit auf.

Wer heute glaubt, daß sich ein völkischer, nationalsozialistischer Staat etwa nur rein mechanisch durch eine bessere Konstruktion seines Wirtschaftslebens von anderen Staaten zu unterscheiden hätte, also durch einen besseren Ausgleich von Reichtum und Armut oder durch mehr Mitbestimmungsrecht breiter Schichten am Wirtschaftsprozeß oder durch gerechtere Entlohnung, durch Beseitigung von zu großen Lohndifferenzen, der ist nur im Alleräußerlichsten steckengeblieben und hat keine blasse Ahnung von dem, was wir als Weltanschauung zu bezeichnen haben. All das eben Geschilderte bietet nicht die geringste Sicherheit für dauernden Bestand und noch viel weniger den Anspruch auf Größe. Ein Volk, das nur in diesen wirklich äußeren Reformen haftenbliebe, würde damit nicht im geringsten eine Garantie für den Sieg diese Volkes im allgemeine Völkerringen erhalten.

D: Adolf Hitler: Mein Kampf. 2 Bde. in einem Bd. 213./217. Aufl. München: Zentralverlag der NSDAP, Franz Eher Nachf., 1936. S. 492 f.

3
Hitler zu den Juden (1924)

In Mein Kampf *beschreibt Hitler die Verbindung von Antikommunismus und Antisemitismus:*

Die jüdische Lehre des Marxismus lehnt das aristokratische Prinzip der Natur ab und setzt an Stelle des ewigen Vorrechtes der Kraft und Stärke die Masse der Zahl und ihr totes Gewicht. Sie leugnet so im Menschen den Wert der Person, bestreitet die Bedeutung von Volkstum und Rasse und entzieht der Menschheit damit die Voraussetzung ihres Bestehens und ihrer Kultur. Sie würde als Grundlage des Universums zum Ende jeder gedanklich für Menschen faßlichen Ordnungen führen. Und so wie in diesem größten erkennbaren Organismus nur Chaos das Ergebnis der Anwendung eines solchen Gesetzes sein könnte, so auf der Erde für die Bewohner dieses Sternes nur ihr eigener Untergang.

Siegt der Jude mit Hilfe seines marxistischen Glaubensbekenntnisses über die Völker dieser Welt, dann wird seine Krone der Totenkranz der Menschheit sein, dann wird dieser Planet wieder wie einst vor Jahrmillionen menschenleer durch den Äther ziehen.

Die ewige Natur rächt unerbittlich die Übertretung ihrer Gebote.

So glaube ich heute im Sinne des allmächtigen Schöpfers zu handeln: Indem ich mich des Juden erwehre, kämpfe ich für das Werk des Herrn.

D: Adolf Hitler: Mein Kampf. 2 Bde. in einem Bd. 213./217. Aufl. München: Zentralverlag der NSDAP, Franz Eher Nachf., 1936. S. 69 f.

4
Hitler vor Führern der Reichswehr über seine politischen Ziele (3. Februar 1933)

Die Ausführungen Hitlers wurden von Generalleutnant Curt Liebmann (1881–1960) privat aufgezeichnet.

Ziel der Gesamtpolitik allein: *Wiedergewinnung der pol. Macht.* Hierauf muß gesamte Staatsführung eingestellt werden (alle Ressorts!).

1. *Im Innern.* Völlige Umkehrung der gegenwärt. innenpol. Zustände in D. Keine Duldung der Betätigung irgendeiner Gesinnung, die dem Ziel entgegen steht (Pazifismus!) Wer sich nicht bekehren läßt, muß gebeugt werden. Ausrottung des Marxismus mit Stumpf und Stiel. Einstellung der Jugend u. des ganzen Volkes auf den Gedanken, daß nur d. Kampf uns retten kann u. diesem Gedanken gegenüber alles zurückzutreten hat. (Verwirklicht in d. Milli-

onen d. Nazi-Beweg. Sie wird wachsen.) Ertüchtigung der Jugend u. Stärkung des Wehrwillens mit allen Mitteln. Todesstrafe für Landes- u. Volksverrat. Straffste autoritäre Staatsführung. Beseitigung des Krebsschadens der Demokratie!

2. *Nach außen.* Kampf gegen Versailles. Gleichberechtigung in Genf; aber zwecklos, wenn Volk nicht auf Wehrwillen eingestellt. Sorge für Bundesgenossen.

3. *Wirtschaft!* Der Bauer muß gerettet werden! Siedlungspolitik! Künft. Steigerung d. Ausfuhr zwecklos. Aufnahmefähigkeit d. Welt ist begrenzt u. Produktion ist überall übersteigert. Im Siedeln liegt einzige Mögl., Arbeitslosenheer z. T. wieder einzuspannen. Aber braucht Zeit u. radikale Änderung nicht zu erwarten, da Lebensraum für d[eutsches] Volk zu klein.

4. *Aufbau der Wehrmacht* wichtigste Voraussetzung für Erreichung des Ziels Wiedererringung der pol. Macht. Allg. Wehrpflicht muß wieder kommen. Zuvor aber muß Staatsführung dafür sorgen, daß die Wehrpflichtigen vor Eintritt nicht schon durch Pazif., Marxismus, Bolschewismus vergiftet werden oder nach Dienstzeit diesem Gifte verfallen.

Wie soll pol. Macht, wenn sie gewonnen ist, gebraucht werden? Jetzt noch nicht zu sagen. Vielleicht Erkämpfung neuer Export-Mögl., vielleicht – und wohl besser – Eroberung neuen Lebensraums im Osten u. dessen rücksichtslose Germanisierung. Sicher, daß erst mit pol. Macht u. Kampf jetzige wirtsch. Zustände geändert werden können. Alles, was jetzt geschehen kann – Siedlung – Aushilfsmittel.

Wehrmacht wichtigste u. sozialistischste Einrichtung d.

Staates. Sie soll unpol. u. überparteilich bleiben. Der Kampf im Innern nicht ihre Sache, sondern der Nazi-Organisationen.

D: Thilo Vogelsang: Neue Dokumente zur Geschichte der Reichswehr. In: Vierteljahreshefte für Zeitgeschichte 2 (1954) S. 434 f.

5
»Reichstagsbrandverordnung« (28. Februar 1933)

Die »Verordnung des Reichspräsidenten zum Schutz von Volk und Staat« hob die in der Verfassung der Weimarer Republik garantierten Grundrechte auf. Sie wurde in der Nacht des Reichstagsbrandes entworfen, einen Tag später verkündet und galt bis 1945.

Auf Grund des Artikels 48 Abs. 2 der Reichsverfassung wird zur Abwehr kommunistischer staatsgefährdender Gewaltakte folgendes verordnet:

§1. Die Artikel 114, 115, 117, 118, 123, 124 und 153 der Verfassung des Deutschen Reichs werden bis auf weiteres außer Kraft gesetzt. Es sind daher Beschränkungen der persönlichen Freiheit, des Rechts der freien Meinungsäußerung, einschließlich der Pressefreiheit, des Vereins- und Versammlungsrechts, Eingriffe in das Brief-, Post-, Telegraphen- und Fernsprechgeheimnis, Anordnungen von Haussuchungen und von Beschlagnahmen sowie Beschränkungen des Eigentums auch außerhalb der sonst hierfür bestimmten gesetzlichen Grenzen zulässig.

§2. Werden in einem Lande die zur Wiederherstellung der öffentlichen Sicherheit und Ordnung nötigen Maßnahmen nicht getroffen, so kann die Reichsregierung insoweit die Befugnisse der obersten Landesbehörde vorübergehend wahrnehmen.

§3. Die Behörden der Länder und Gemeinden (Gemeindeverbände) haben den auf Grund des §2 erlassenen Anordnungen der Reichsregierung im Rahmen ihrer Zuständigkeit Folge zu leisten.

[...]

§5 [...]

Mit dem Tode oder, soweit nicht bisher eine schwerere Strafe angedroht ist, mit lebenslangem Zuchthaus oder mit Zuchthaus bis zu 15 Jahren wird bestraft:

1. Wer es unternimmt, den Reichspräsidenten oder ein Mitglied oder einen Kommissar der Reichsregierung oder einer Landesregierung zu töten oder wer zu einer solchen Tötung auffordert, sich erbietet, ein solches Erbieten annimmt oder eine solche Tötung mit einem anderen verabredet;
2. wer in den Fällen des §115 Abs. 2 des Strafgesetzbuchs (schwerer Aufruhr) oder des §125 Abs. 2 des Strafgesetzbuchs (schwerer Landfriedensbruch) die Tat mit Waffen oder in bewußtem und gewolltem Zusammenwirken mit einem Bewaffneten begeht;
3. wer eine Freiheitsberaubung (§239) des Strafgesetzbuchs in der Absicht begeht, sich des der Freiheit Beraubten als Geisel im politischen Kampfe zu bedienen.

§6. Diese Verordnung tritt mit dem Tage der Verkündung in Kraft.

Berlin, den 28. Februar 1933

Der Reichspräsident: von Hindenburg
Der Reichskanzler: Adolf Hitler
Der Reichsminister des Innern: Frick
Der Reichsminister der Justiz: Dr. Gürtner

D: Reichsgesetzblatt 1933 I S. 83.

6
»Ermächtigungsgesetz« (24. März 1933)

Das »Gesetz zur Behebung der Not von Volk und Reich« hob die in der Verfassung der Weimarer Republik garantierte Gewaltenteilung auf. Es sollte für vier Jahre gelten und wurde 1937, 1939 und 1943 (ohne zeitliche Begrenzung) verlängert.

Der Reichstag hat das folgende Gesetz beschlossen, das mit Zustimmung des Reichsrats hiermit verkündet wird, nachdem festgestellt ist, daß die Erfordernisse verfassungändernder Gesetzgebung erfüllt sind:

Artikel 1. Reichsgesetze können außer in dem in der Reichsverfassung vorgesehenen Verfahren auch durch die Reichsregierung beschlossen werden. Dies gilt auch für die in den Artikeln 85 Abs. 2 und 87 der Reichsverfassung bezeichneten Gesetze.

Artikel 2. Die von der Reichsregierung beschlossenen Reichsgesetze können von der Reichsverfassung abweichen, soweit sie nicht die Einrichtung des Reichstags und des Reichsrats als solche zum Gegenstand haben. Die Rechte des Reichspräsidenten bleiben unberührt.

Artikel 3. Die von der Reichsregierung beschlossenen Reichsgesetze werden vom Reichskanzler ausgefertigt und im Reichsgesetzblatt verkündet. Sie treten, soweit sie nichts anderes bestimmen, mit dem auf die Verkündung folgenden Tag in Kraft. Die Artikel 68 bis 77 der Reichsverfassung finden auf die von der Reichsregierung beschlossenen Gesetze keine Anwendung.

Artikel 4. Verträge des Reichs mit fremden Staaten, die sich auf Gegenstände der Reichsgesetzgebung beziehen, bedürfen nicht der Zustimmung der an der Gesetzgebung beteiligten Körperschaften. Die Reichsregierung erläßt die zur Durchführung dieser Verträge erforderlichen Vorschriften.

Artikel 5. Dieses Gesetz tritt mit dem Tage seiner Verkündung in Kraft. Es tritt mit dem 1. April 1937 außer Kraft; es tritt ferner außer Kraft, wenn die gegenwärtige Reichsregierung durch eine andere abgelöst wird.

Berlin, den 24. März 1933

Der Reichspräsident: von Hindenburg
Der Reichskanzler: Adolf Hitler
Der Reichsminister des Innern: Frick
Der Reichsminister des Auswärtigen:
Freiherr von Neurath
Der Reichsminister der Finanzen:
Graf Schwerin von Krosigk

D: Reichsgesetzblatt 1933 I S. 141.

7
Vorläufiges Gesetz zur Gleichschaltung der Länder mit dem Reich (31. März 1933)

Auf Grundlage der Reichstagsbrandverordnung und des Ermächtigungsgesetzes hob die Reichsregierung auch in den deutschen Ländern die Gewaltenteilung auf.

Vereinfachung der Landesgesetzgebung

§1. (1) Die Landesregierungen sind ermächtigt, außer in den in den Landesverfassungen vorgesehenen Verfahren Landesgesetze zu beschließen. [...]

§2. (1) Zur Neuordnung der Verwaltung, einschließlich der gemeindlichen Verwaltung, und zur Neuregelung der Zuständigkeiten können die von den Landesregierungen beschlossenen Landesgesetze von den Landesverfassungen abweichen.

(2) Die Einrichtung der gesetzgebenden Körperschaften als solche darf nicht berührt werden.

§3. Staatsverträge, die sich auf Gegenstände der Landesgesetzgebung beziehen, bedürfen nicht der Zustimmung der an der Gesetzgebung beteiligten Körperschaften. Die Landesregierungen erlassen die zur Durchführung dieser Verträge erforderlichen Vorschriften.

Volksvertretungen der Länder

§4. (1) Die Volksvertretungen der Länder (Landtage, Bürgerschaften) werden mit Ausnahme des am 5. März 1933 gewählten Preußischen Landtags hiermit aufgelöst, soweit dies nicht bereits nach Landesrecht geschehen ist.

(2) Sie werden neu gebildet nach den Stimmenzahlen, die bei der Wahl zum Deutschen Reichstag am 5. März 1933 innerhalb eines jeden Landes auf die Wahlvorschläge entfallen sind. Hierbei werden die auf Wahlvorschläge der Kommunistischen Partei entfallenden Sitze nicht zugeteilt. Dasselbe gilt für Wahlvorschläge von Wählergruppen, die als Ersatz von Wahlvorschlägen der Kommunistischen Partei anzusehen sind. [...]

§8. Die neuen Landtage (Bürgerschaften) gelten mit dem 5. März 1933 als auf vier Jahre gewählt. Eine vorzeitige Auflösung ist unzulässig. Dies gilt auch für den am 5. März 1933 gewählten Preußischen Landtag.

§9. Die Neubildung der Landtage (Bürgerschaften) nach diesem Gesetz muß bis zum 15. April 1933 durchgeführt sein.

§10. Die Zuteilung von Sitzen auf Wahlvorschläge der Kommunistischen Partei für den Reichstag und den Preußischen Landtag auf Grund des Wahlergebnisses vom 5. März 1933 ist unwirksam. Ersatzzuteilung findet nicht statt.

§11. Eine Auflösung des Reichstags bewirkt ohne weiteres die Auflösung der Volksvertretungen der Länder.

Gemeindliche Selbstverwaltungskörper

§12. (1) Die gemeindlichen Selbstverwaltungskörper (Kreistage, Bezirkstage, Bezirksräte, Amtsversammlungen, Stadträte, Stadtverordnetenversammlungen, Gemeinderäte usw.), auf welche die Grundsätze nach Artikel 17 Abs. 2 der Reichsverfassung Anwendung finden, werden hiermit aufgelöst.

(2) Sie werden neu gebildet nach der Zahl der gültigen Stimmen, die bei der Wahl zum Deutschen Reichstag am 5. März 1933 im Gebiet der Wahlkörperschaften abgegeben worden sind. Dabei bleiben Stimmen unberücksichtigt, die auf Wahlvorschläge der Kommunistischen Partei oder solche entfallen sind, die als Ersatz von Wahlvorschlägen der Kommunistischen Partei anzusehen sind. [...]

Berlin, den 31. März 1933

Der Reichskanzler: Adolf Hitler
Der Reichsminister des Innern: Frick

D: Reichsgesetzblatt 1933 I S. 153.

8

Gesetz über den Neuaufbau des Reichs (30. Januar 1934)

Obwohl nach dem Ermächtigungsgesetz die Zustimmung des Parlaments zu Gesetzen nicht mehr nötig war, ließ Hitler das Gesetz, das die Länder des Reiches ihrer Selbstständigkeit beraubte, vom Reichstag beschließen.

Die Volksabstimmung und die Reichstagswahl vom 12. November 1933 haben bewiesen, daß das deutsche Volk über alle innenpolitischen Grenzen und Gegensätze hinweg zu einer unlöslichen, inneren Einheit verschmolzen ist.

Der Reichstag hat daher einstimmig das folgende Gesetz beschlossen, das mit einmütiger Zustimmung des Reichsrats hiermit verkündet wird, nachdem festgestellt ist, daß die Erfordernisse verfassungsändernder Gesetzgebung erfüllt sind.

Artikel 1. Die Volksvertretungen der Länder werden aufgehoben.

Artikel 2. (1) Die Hoheitsrechte der Länder gehen auf das Reich über.

(2) Die Landesregierungen unterstehen der Reichsregierung.

Artikel 3. Die Reichsstatthalter unterstehen der Dienstaufsicht des Reichsministers des Innern.

Artikel 4. Die Reichsregierung kann neues Verfassungsrecht setzen.

Artikel 5. Der Reichsminister des Innern erläßt die zur Durchführung des Gesetzes erforderlichen Rechtsverordnungen und Verwaltungsvorschriften.

Artikel 6. Dieses Gesetz tritt mit dem Tage der Verkündigung in Kraft.

Berlin, den 30. Januar 1934

Der Reichspräsident: von Hindenburg
Der Reichskanzler: Adolf Hitler
Der Reichsminister des Innern: Frick

D: Reichsgesetzblatt 1933 I S. 75.

9
Pressemitteilung über die Gleichschaltung von Vereinen (22. September 1933)

Auch private Vereine wurden gezwungen, sich dem totalitären Anspruch des NS-Regimes zu beugen. Der »Kampfbund für Deutsche Kultur«, eine Parteigliederung der NSDAP, war 1928 von Alfred Rosenberg gegründet worden, um die Ziele der Partei auch im kulturellen Leben zu propagieren. 1934 wurde der »Kampfbund« zur »NS-Kulturgemeinde« umgebaut und in die Organisation »Kraft durch Freude« überführt.

Da über die Gleichschaltung von Vereinen noch große Unklarheit herrscht, teilt das Presseamt des Kampfbundes für Deutsche Kultur mit, daß grundsätzlich sich jeder Verein gleichzuschalten hat, und zwar bis zum 1. Oktober 1933. Vereine und Verbände, welche die Gleichschaltung nicht vorschriftsmäßig durchführen, werden in ihren Bestrebungen als gegen die nationalsozialistische Bewegung gerichtet betrachtet. Die Durchführung des Führerprinzips im Vereinsleben bedingt eine Satzungsänderung in sämtlichen Vereinen. Um den Vereinen an die Hand zu gehen, hat der Kampfbund für Deutsche Kultur Richtlinien für die Satzungsänderungen ausgearbeitet, die zusammen mit den Richtlinien und Meldebogen gegen eine Gebühr von 10 Pfennig in der Geschäftsstelle Nürnberg, Äußere Cramer-Klett-Straße 4, zu haben sind.

D: Klaus W. Littger: Einhundert Jahre Historischer Verein Eichstätt: 1886–1986 (Schriften der Universitätsbibliothek Eichstätt 7). Eichstätt 1986. S. 42.

10
Erlass über die Deutsche Arbeitsfront (24. Oktober 1934)

Robert Ley, Mitglied des Reichstags seit 1930, wurde im April 1933 von der Leitung der NSDAP mit der Zerschlagung der Gewerkschaften und mit dem Aufbau einer nationalsozialistischen Zwangsgemeinschaft von Arbeitgebern und Arbeitnehmern beauftragt, der »Deutschen Arbeitsfront« (DAF), der mit 42 Millionen Mitgliedern größten Massenorganisation des Dritten Reiches.

Wesen und Ziel

§1. Die Deutsche Arbeitsfront ist die Organisation der schaffenden Deutschen der Stirn und der Faust.

In ihr sind insbesondere die Angehörigen der ehemaligen Gewerkschaften, der ehemaligen Angestelltenverbände und der ehemaligen Unternehmer-Vereinigungen als gleichberechtigte Mitglieder zusammengeschlossen. [...]

§2. Das Ziel der Deutschen Arbeitsfront ist die Bildung einer wirklichen Volks- und Leistungsgemeinschaft aller Deutschen.

Sie hat dafür zu sorgen, daß jeder einzelne seinen Platz im wirtschaftlichen Leben der Nation in der geistigen und körperlichen Verfassung einnehmen kann, die ihn zur höchsten Leistung befähigt und damit den größten Nutzen für die Volksgemeinschaft gewährleistet.

§3. Die Deutsche Arbeitsfront ist eine Gliederung der NSDAP. im Sinne des Gesetzes zur Sicherung der Einheit von Partei und Staat vom 1. Dezember 1933.

[...]

§7. Die Deutsche Arbeitsfront hat den Arbeitsfrieden dadurch zu sichern, daß bei den Betriebsführern das Verständnis für die berechtigten Ansprüche ihrer Gefolgschaft, bei den Gefolgschaften das Verständnis für die Lage und die Möglichkeiten ihres Betriebes geschaffen wird.

Die Deutsche Arbeitsfront hat die Aufgabe, zwischen den berechtigten Interessen aller Beteiligten jenen Ausgleich zu finden, der den nationalsozialistischen Grundsätzen entspricht und die Anzahl der Fälle einschränkt, die nach dem Gesetz vom 20. Januar 1934 zur Entscheidung allein zuständigen, staatlichen Organen zu überweisen sind.

Die für diesen Ausgleich notwendige Vertretung aller Beteiligten ist ausschließliche Sache der Deutschen Arbeitsfront. Die Bildung anderer Organisationen oder ihre Betätigung auf diesem Gebiet ist unzulässig.

§8. Die Deutsche Arbeitsfront ist die Trägerin der Nationalsozialistischen Gemeinschaft »Kraft durch Freude«.

Die Deutsche Arbeitsfront hat für die Berufsschulung Sorge zu tragen.

[…]

§9. Das Vermögen der in §1 dieser Verordnung genannten früheren Organisationen einschließlich ihrer Hilfs- und Ersatzorganisationen, Vermögensverwaltungen und wirtschaftlichen Unternehmungen bildet das Vermögen der Deutschen Arbeitsfront. Dieses Vermögen ist der Grundstock für die Selbsthilfe-Einrichtung der Deutschen Arbeitsfront.

D: Dokumente der deutschen Politik. Bd. 2. Hrsg. von Franz Alfred Six. Berlin: Junker & Dünnhaupt, [7]1941. S. 207–209.

11
Aufruf zum Boykott jüdischer Geschäfte (31. März 1933)

Der Herausgeber des antisemitischen Hetzblatts Der Stürmer, *Julius Streicher, wurde von der Leitung der NSDAP mit der Organisation eines reichsweiten Boykotts jüdischer Geschäfte am 1. April 1933 beauftragt.*

Deutsche Volksgenossen, deutsche Volksgenossinnen! Die Schuldigen an diesem wahnwitzigen Verbrechen, an dieser niederträchtigen Greuel- und Boykotthetze sind die Juden in Deutschland. Sie haben ihre Rassengenossen im Ausland zum Kampf gegen das deutsche Volk aufgerufen. Sie haben die Lügen und Verleumdungen hinausgemeldet. Darum hat die Reichsleitung der deutschen Freiheitsbewegung beschlossen, in Abwehr der verbrecherischen Hetze ab Sonnabend, den 1. April 1933, vorm. 10 Uhr, über alle jüdischen Geschäfte, Warenhäuser, Kanzleien usw. den Boykott zu verhängen. Dieser Boykottierung Folge zu leisten, dazu rufen wir euch, deutsche Frauen und Männer, auf. Kauft nicht in den jüdischen Geschäften und Warenhäusern, geht nicht zu jüdischen Rechtsanwälten, meidet jüdische Ärzte. Zeigt den Juden, daß sie nicht ungestraft Deutschland in seiner Ehre herabwürdigen und beschmutzen können. Wer gegen diese Aufforderung handelt, beweist damit, daß er auf Seiten der Feinde Deutschlands steht. Es lebe der ehrwürdige Generalfeldmarschall aus dem großen Kriege, der Reichspräsident Paul v. Hindenburg. Es lebe der Führer und Reichskanzler Adolf Hitler. Es lebe das deutsche Volk und das heilige deutsche Vaterland!

(gez.) Streicher

D: Schultheß' europäischer Geschichtskalender. Neue Folge 49. München: Beck, 1933. S. 81.

12

Gesetz über die Vereidigung von Beamten und Soldaten (20. August 1934)

Als Nachfolger des am 2. August 1934 verstorbenen Reichspräsidenten von Hindenburg ließ Hitler die Staatsbediensteten auf seine Person vereidigen. Statt eines Titels nennt ihn das Gesetz nur den »Führer«.

Die Reichsregierung hat das folgende Gesetz beschlossen, das hiermit verkündet wird:

§1. Die öffentlichen Beamten und die Soldaten der Wehrmacht haben beim Eintritt in den Dienst einen Diensteid zu leisten.

§2. 1. Der Diensteid der öffentlichen Beamten lautet:
»Ich schwöre: Ich werde dem Führer des Deutschen Reiches und Volkes Adolf Hitler treu und gehorsam sein, die Gesetze beachten und meine Amtspflichten gewissenhaft erfüllen, so wahr mir Gott helfe.«
2. Der Diensteid der Soldaten der Wehrmacht lautet:
»Ich schwöre bei Gott diesen heiligen Eid, daß ich dem Führer des Deutschen Reiches und Volkes Adolf Hitler, dem Oberbefehlshaber der Wehrmacht, unbedingten Gehorsam leisten und als tapferer Soldat bereit sein will, jederzeit für diesen Eid mein Leben einzusetzen.« [...]
Berlin, den 20. August 1934

Der Führer und Reichskanzler: Adolf Hitler
Der Reichsminister des Innern: Frick
Der Reichswehrminister: von Blomberg

D: Reichsgesetzblatt 1934 I S. 785.

13
Hitler über die nationalsozialistische »Volksgemeinschaft« (1. Oktober 1933)

Die Nationalsozialisten hatten 1933 den 1. Mai, den traditionellen Tag der Arbeiterbewegung, zum »Nationalen Tag der

Arbeit« erklärt. Den Erntedanktag erklärten sie ebenfalls zu einem Feiertag, um die Landbevölkerung für ihr Regime zu gewinnen. Der zentrale Staatsakt aus diesem Anlass fand von 1933 bis 1937 auf dem Bückeberg in der Nähe von Hameln statt. 1933 hielt dort Hitler eine programmatische Rede zur nationalsozialistischen »Volksgemeinschaft«.

Der Nationalsozialismus hat weder im Individuum noch in der Menschheit den Ausgangspunkt seiner Betrachtungen, seiner Stellungnahmen und Entschlüsse. Er rückt bewußt in den Mittelpunkt seines ganzen Denkens das Volk. Dieses Volk ist für ihn eine blutsmäßig bedingte Erscheinung, in der er einen von Gott geweihten Baustein der menschlichen Gesellschaft sieht. Das einzelne Individuum ist vergänglich, das Volk ist bleibend. Wenn die liberale Weltanschauung in ihrer Vergötterung des einzelnen Individuums zur Zerstörung des Volkes führen muß, so wünscht dagegen der Nationalsozialismus das Volk zu schützen, wenn nötig, auf Kosten des Individuums. Es ist notwendig, daß der einzelne sich langsam zur Erkenntnis durchringt, daß sein eigenes Ich unbedeutend ist, gemessen am Sein des ganzen Volkes [...], daß vor allem die Geistes- und Willenseinheit einer Nation höher zu schätzen sind als die Geistes- und Willenseinheit des einzelnen.

D: Geschichte in Quellen. Bd. 5: Weltkriege und Revolutionen 1914–1945. Bearbeitet von Günter Schönbrunn. München: Bayerischer Schulbuch-Verlag, 1961. S. 294.

14
Auftrag Hitlers zur »Euthanasie« (Ende Oktober 1939)

Auf privatem Briefpapier und datiert auf den 1. September 1939, den Tag des Kriegsbeginns, gab Hitler Philipp Bouler (1899–1945), dem Leiter der »Kanzlei des Führers«, und Karl Brandt (1904–1948), seinem Begleitarzt, den Auftrag zur Ermordung »unheilbar Kranker« (100 000 Tote).

Reichsleiter *Bouhler* und
Dr. med. *Brandt*
sind unter Verantwortung beauftragt, die Befugnisse namentlich zu bestimmender Ärzte so zu erweitern, daß nach menschlichem Ermessen unheilbar Kranken bei kritischster Beurteilung ihres Krankheitszustandes der Gnadentod gewährt werden kann.

Adolf Hitler

D: Gelbbuch der Französischen Regierung. Diplomatische Urkunden 1938–1939. Basel: Birkhäuser, 1940. S. 339.

15
Die Nürnberger Gesetze (15. September 1935)

Auf dem »Reichsparteitag« 1935 ließ Hitler vom Reichstag überraschend einige Gesetze beschließen, die rasch formuliert und von Hitler anschließend in einigen Wendungen noch abgemildert worden waren – wohl aus Rücksicht auf die internationale Öffentlichkeit. Die Propaganda stellte die Gesetze als Abschluss der gegen die Juden erlassenen Maßnahmen dar. Tatsächlich aber waren sie Ausgangspunkt ihrer weiteren Entrechtung.

Reichsbürgergesetz

Der Reichstag hat einstimmig das folgende Gesetz beschlossen, das hiermit verkündet wird:

§1. (1) Staatsangehöriger ist, wer dem Schutzverband des Deutschen Reiches angehört und ihm dafür besonders verpflichtet ist.

(2) Die Staatsangehörigkeit wird nach den Vorschriften des Reichs- und Staatsangehörigkeitsgesetzes erworben.

§2. (1) Reichsbürger ist nur der Staatsangehörige deutschen oder artverwandten Blutes, der durch sein Verhalten beweist, daß er gewillt und geeignet ist, in Treue dem Deutschen Volk und Reich zu dienen.

(2) Das Reichsbürgerrecht wird durch Verleihung des Reichsbürgerbriefes erworben.

(3) Der Reichsbürger ist der alleinige Träger der vollen politischen Rechte nach Maßgabe der Gesetze.

§3. Der Reichsminister des Innern erläßt im Einvernehmen mit dem Stellvertreter des Führers die zur Durchführung und Ergänzung des Gesetzes erforderlichen Rechts- und Verwaltungsvorschriften.

Gesetz zum Schutze des deutschen Blutes und der deutschen Ehre

Durchdrungen von der Erkenntnis, daß die Reinheit des deutschen Blutes die Voraussetzung für den Fortbestand des Deutschen Volkes ist, und beseelt von dem unbeugsamen Willen, die Deutsche Nation für alle Zukunft zu sichern, hat der Reichstag einstimmig das folgende Gesetz beschlossen, das hiermit verkündet wird:

§1. (1) Eheschließungen zwischen Juden und Staatsangehörigen deutschen oder artverwandten Blutes sind verboten. [...]

[...]

§2. Außerehelicher Verkehr zwischen Juden und Staatsangehörigen deutschen oder artverwandten Blutes ist verboten.

§3. Juden dürfen weibliche Staatsangehörige deutschen oder artverwandten Blutes unter 45 Jahre in ihrem Haushalt nicht beschäftigen.

[...]

§5. Wer dem Verbot des § 1 zuwiderhandelt, wird mit Zuchthaus bestraft.

(2) Der Mann, der dem Verbot des § 2 zuwiderhandelt, wird mit Gefängnis oder mit Zuchthaus bestraft.

(3) Wer den Bestimmungen der §§ 3 oder 4 zuwiderhandelt, wird mit Gefängnis bis zu einem Jahr und mit Geldstrafe oder mit einer dieser Strafen bestraft.

D: Reichsgesetzblatt 1935 I S. 1146.

16
Der »völkische Staat« und die Jugend

In Mein Kampf *schrieb Hitler auch über die Rolle, die er dem Staat in der Erziehung von Jungen und Mädchen zudachte.*

Gerade unser deutsches Volk, das heute zusammengebrochen den Fußtritten der anderen Welt preisgegeben daliegt, braucht jene suggestive Kraft, die im Selbstvertrauen liegt. Dieses Selbstvertrauen aber muß schon von Kindheit auf dem jungen Volksgenossen anerzogen werden. Seine gesamte Erziehung und Ausbildung muß darauf angelegt werden, ihm die Überzeugung zu geben, anderen unbedingt überlegen zu sein. Er muss in seiner körperlichen Kraft und Gewandtheit den Glauben an die Unbesiegbarkeit seines ganzen Volkstums wiedergewinnen. [...]

Das Mädchen soll seinen Ritter kennenlernen. Würde nicht die körperliche Schönheit heute vollkommen in den Hintergrund gedrängt durch unser laffiges Modewesen, wäre die Verführung von Hunderttausenden von Mädchen durch krummbeinige, widerwärtige Judenbankerte gar nicht möglich. Auch dies ist im Interesse der Nation, daß sich die schönsten Körper finden und so mithelfen, dem Volkstum neue Schönheit zu schenken.

[...]

Analog der Erziehung des Knaben kann der völkische Staat auch die Erziehung des Mädchens von den gleichen Gesichtspunkten aus leiten. Auch dort ist das Hauptgewicht vor allem auf die körperliche Ausbildung zu legen, erst dann auf die Förderung der seelischen und zuletzt der geistigen Werte. Das Ziel der weiblichen Erziehung hat unverrückbar die kommende Mutter zu sein.

D: Adolf Hitler: Mein Kampf. 2 Bde. in einem Bd. 213./217. Aufl. München: Zentralverlag der NSDAP, Franz Eher Nachf., 1936. S. 456, 458–460.

17
Gesetz über die Hitler-Jugend (1. Dezember 1936)

Ab 1933 wurden alle Jugendorganisationen der Hitler-Jugend gleichgeschaltet, bis auf die durch das Konkordat geschützten katholischen. 1936 bestätigte ein Gesetz die HJ als Staatsjugendorganisation. Ab 1939 war die Mitgliedschaft in der HJ für alle deutschen Jugendlichen Pflicht, ebenso wie der Schulbesuch oder der Kriegsdienst.

Von der Jugend hängt die Zukunft des Deutschen Volkes ab. Die gesamte deutsche Jugend muß deshalb auf ihre künftigen Pflichten vorbereitet werden.

Die Reichsregierung hat daher das folgende Gesetz beschlossen, das hiermit verkündet wird:

§1. Die gesamte deutsche Jugend innerhalb des Reichsgebietes ist in der Hitlerjugend zusammengefaßt.

§2. Die gesamte deutsche Jugend ist außer in Elternhaus und Schule in der Hitlerjugend körperlich, geistig und sittlich im Geiste des Nationalsozialismus zum Dienst am Volk und zur Volksgemeinschaft zu erziehen.

§3. Die Aufgabe der Erziehung der gesamten deutschen Jugend in der Hitlerjugend wird dem Reichsjugendführer der NSDAP übertragen. Er ist damit »Jugendführer des Deutschen Reichs«. Er hat die Stellung einer Obersten Reichsbehörde mit dem Sitz in Berlin und ist dem Führer und Reichskanzler unmittelbar unterstellt.

§4. Die zur Durchführung und Ergänzung dieses Gesetzes erforderlichen Rechtsverordnungen und allgemeinen Verwaltungsvorschriften erläßt der Führer und Reichskanzler.

D: Reichsgesetzblatt 1936 I S. 993.

18
»Reichserbhofgesetz« (29. September 1933)

Die NS-Ideologie erklärte das Bauerntum zur Grundlage des »völkischen Staates« und regelte deshalb die Existenz vor allem kleinerer und mittlerer Höfe.

Die Reichsregierung will unter Sicherung alter deutscher Erbsitte das Bauerntum als Blutquelle des deutschen Volkes erhalten.
Die Bauernhöfe sollen vor Überschuldung und Zersplitterung im Erbgang geschützt werden, damit sie dauernd als Erbe der Sippe in der Hand freier Bauern verbleiben.
Es soll auf eine gesunde Verteilung der landwirtschaftlichen Besitzgrößen hingewirkt werden, da eine große Anzahl lebensfähiger kleiner und mittlerer Bauernhöfe, möglichst gleichmäßig über das ganze Land verteilt, die beste

Gewähr für die Gesunderhaltung von Volk und Staat bildet.
Die Reichsregierung hat daher das folgende Gesetz beschlossen. Die Grundgedanken des Gesetzes sind:
Land- und forstwirtschaftlicher Besitz in der Größe von mindestens einer Ackernahrung und von höchstens 125 Hektar ist Erbhof, wenn er einer bauernfähigen Person gehört.
Der Eigentümer des Erbhofs heißt Bauer.
Bauer kann nur sein, wer deutscher Staatsbürger, deutschen oder stammesgleichen Blutes und ehrbar ist.
Der Erbhof geht ungeteilt auf den Anerben über.
Die Rechte der Miterben beschränken sich auf das übrige Vermögen des Bauern. Nicht als Anerben berufene Abkömmlinge erhalten eine den Kräften des Hofes entsprechende Berufsausbildung und Ausstattung; geraten sie unverschuldet in Not, so wird ihnen die Heimatzuflucht gewährt.
Das Anerbenrecht kann durch Verfügung von Todes wegen nicht ausgeschlossen oder beschränkt werden.
Der Erbhof ist grundsätzlich unveräußerlich und unbelastbar.

D: Reichsgesetzblatt 1933 I S. 685.

19
Gesetz für den Wiederaufbau der Wehrmacht
(16. März 1935)

Nachdem die Abrüstungskonferenzen des Völkerbunds gescheitert waren und das Deutsche Reich 1933 das Gremium verlassen hatte, ordnete die Regierung zwei Jahre später die Wiederaufrüstung an.

Die Reichsregierung hat folgendes Gesetz beschlossen, das hiermit verkündet wird:

§1. Der Dienst in der Wehrmacht erfolgt auf der Grundlage der allgemeinen Wehrpflicht.

§2. Das deutsche Friedensheer einschließlich der überführten Truppenpolizeien gliedert sich in
12 Korpskommandos und
36 Divisionen.

§3. Die ergänzenden Gesetze über die Regelung der allgemeinen Wehrpflicht sind durch den Reichswehrminister dem Reichsministerium alsbald vorzulegen.

Berlin, den 16. März 1935

[Unterschriften des Reichskanzlers
und der Reichsminister]

D: Reichsgesetzblatt 1935 I S. 369.

20

Hitlers Denkschrift über den Vierjahresplan (Sommer 1936)

Während nationalkonservative Berater der Reichsregierung darauf drängten, aus ökonomischen Gründen die Aufrüstung zu verlangsamen, offenbarte Hitlers Denkschrift der NS-Führung und der Regierung seinen Entschluss zum Krieg.

Kurz zusammengefaßt: Ich halte es für notwendig, daß nunmehr mit eiserner Entschlossenheit auf all den Gebieten eine 100%ige Selbstversorgung eintritt, auf denen diese möglich ist und daß dadurch nicht nur die nationale Versorgung mit diesen wichtigsten Rohstoffen vom Ausland unabhängig wird, sondern daß dadurch auch jene Devisen eingespart werden, die wir im Frieden für die Einfuhr unserer Nahrungsmittel benötigen. *Ich möchte dabei betonen, daß ich in diesen Aufgaben die einzige wirtschaftliche Mobilmachung sehe, die es gibt, und nicht in einer Drosselung von Rüstungsbetrieben im Frieden zur Einsparung und Bereitlegung von Rohstoffen für den Krieg.* [...] Es gibt keinen Zweifel, daß die Außenstände unserer Wirtschaft heute ganz enorme sind. Und es gibt weiter keinen Zweifel, daß sich dahinter zum Teil auch die niederträchtige Absicht verbirgt, für alle Fälle im Ausland gewisse, dem inneren Zugriff entzogene Reserven zu besitzen. Ich sehe darin eine bewußte Sabotage der nationalen Selbstbehauptung bezw. der Verteidigung des Reiches, und ich halte aus diesem Grund die Erledigung zweier Gesetze vor dem Reichstag für notwendig

1) ein Gesetz, das für Wirtschaftssabotage die Todesstrafe vorsieht und

2) ein Gesetz, das das gesamte Judentum haftbar macht für alle Schäden, die durch einzelne Exemplare dieses Verbrechertums der deutschen Wirtschaft und damit dem deutschen Volke zugefügt werden. [...]

Es sind jetzt fast 4 kostbare Jahre vergangen. Es gibt keinen Zweifel, daß wir schon heute auf dem Gebiet der Brennstoff-, der Gummi- und zum Teil auch in der Eisenerzversorgung vom Ausland restlos unabhängig sein könnten. [...]

Man hat nun Zeit genug gehabt, in 4 Jahren festzustellen, was wir nicht können.
Ich stelle damit folgende Aufgabe:
I. Die deutsche Armee muß in 4 Jahren einsatzfähig sein.
II. Die deutsche Wirtschaft muß in 4 Jahren kriegsfähig sein.

D: Wilhelm Treue: Hitlers Denkschrift zum Vierjahresplan 1936. In: Vierteljahreshefte für Zeitgeschichte 3 (1956) S. 204–210.

21
Besprechung Hitlers mit den Oberbefehlshabern der Wehrmacht und Außenminister von Neurath (5. November 1937)

Nach Abschluss des Antikominternpaktes mit Japan und der Annäherung an Italien offenbarte Hitler seine Kriegspläne. Die Niederschrift wurde von Hitlers militärischem Adjutanten Oberst Hoßbach nach Notizen angefertigt.

Der Führer stellte einleitend fest, daß der Gegenstand der heutigen Besprechung von derartiger Bedeutung sei, daß dessen Erörterung in anderen Staaten wohl vor das Forum des Regierungskabinetts gehörte, er – der Führer – sähe aber gerade im Hinblick auf die Bedeutung der Materie davon ab, diese in dem großen Kreise des Reichskabinetts zum Gegenstand der Besprechung zu machen. Seine nachfolgenden Ausführungen seien das Ergebnis eingehender Überlegungen und der Erfahrungen seiner viereinhalbjährigen Regierungszeit; er wolle den anwesenden Herren seine grundlegenden Gedanken über die

Entwicklungsmöglichkeiten und -notwendigkeiten unserer außenpolitischen Lage auseinandersetzen, wobei er im Interesse einer auf weite Sicht eingestellten deutschen Politik seine Ausführungen als seine testamentarische Hinterlassenschaft für den Fall seines Ablebens anzusehen bitte.

Der Führer führte sodann aus:

Das Ziel der deutschen Politik sei die Sicherung und die Erhaltung der Volksmasse und deren Vermehrung. Somit handelte es sich um das Problem des Raumes.

Die deutsche Volksmasse verfüge über 85 Millionen Menschen, die nach der Anzahl der Menschen und der Geschlossenheit des Siedlungsraumes in Europa einen in sich so fest geschlossenen Rassekern darstelle, wie er in keinem anderen Land wieder anzutreffen sei und wie er andererseits das Anrecht auf größeren Lebensraum mehr als bei anderen Völkern in sich schlösse. Wenn kein dem deutschen Rassekern entsprechendes politisches Ergebnis auf dem Gebiet des Raumes vorläge, so sei das eine Folge mehrhundertjähriger historischer Entwicklung und bei Fortdauer dieses politischen Zustandes die größte Gefahr für die Erhaltung des deutschen Volkstums auf seiner jetzigen Höhe. […] Die einzige, uns vielleicht traumhaft erscheinende Abhilfe läge in der Gewinnung eines größeren Lebensraumes, ein Streben, das zu allen Zeiten die Ursache der Staatenbildungen und Völkerbewegungen gewesen sei. Daß dieses Streben in Genf und bei den gesättigten Staaten keinem Interesse begegne, sei erklärlich. […] Die Entwicklung großer Weltgebilde gehe nun einmal langsam vor sich, das deutsche Volk mit seinem starken Rassekern finde hierfür die günstigsten Voraussetzungen inmitten des europäischen Kontinents. Daß jede Raumerweiterung nur durch Brechen von Widerstand und unter Risiko vor sich gehen könne, habe die Geschichte aller Zeiten – Römisches Weltreich, Englisches Empire – bewiesen. Auch Rückschläge seien unvermeidbar. Weder früher noch heute habe es herrenlosen Raum gegeben, der Angreifer stoße stets auf den Besitzer.

Für Deutschland laute die Frage, wo größter Gewinn unter geringstem Einsatz zu erreichen sei.

Die deutsche Politik habe mit den beiden Haßgegnern England und Frankreich zu rechnen, denen ein starker deutscher Koloß inmitten Europas ein Dorn im Auge sei, wobei beide Staaten eine weitere deutsche Erstarkung sowohl in Europa als auch in Übersee ablehnten und sich in dieser Ablehnung auf die Zustimmung aller Parteien stützen könnten.

D: Akten zur deutschen auswärtigen Politik. Serie D: 1937–1941. Bd. I: September 1937 bis September 1938: Von Neurath bis Ribbentrop. Hrsg. von Walter Bußmann. Göttingen: Vandenhoeck & Ruprecht, 1950. S. 25–32.

22

Weisung Hitlers zum Vorgehen gegen die Tschechoslowakei (30. Mai 1938)

Im Frühjahr 1938 offenbarte Hitler unter dem Tarnbegriff »Fall Grün« sein eigentliches Ziel in der Sudetenkrise: die »Zerschlagung« der Tschechoslowakei, der einzigen verbliebenen Demokratie Mitteleuropas.

II. Zweifrontenkrieg mit Schwerpunkt Südost (Aufmarsch »Grün«)

1.) *Politische Voraussetzungen*

Es ist mein unabänderlicher Entschluß, die Tschechoslowakei in absehbarer Zeit durch eine militärische Aktion zu zerschlagen. Den politisch und militärisch geeigneten Zeitpunkt abzuwarten oder herbeizuführen ist Sache der politischen Führung.

Eine unabwendbare Entwicklung der Zustände innerhalb der Tschechoslowakei oder sonstige politische Ereignisse in Europa, die eine überraschend günstige, vielleicht nie wiederkehrende Gelegenheit schaffen, können mich zu frühzeitigem Handeln veranlassen.

Die richtige Wahl und entschlossene Ausnützung eines günstigen Augenblicks ist die sicherste Gewähr für den Erfolg. Dementsprechend sind die Vorbereitungen unverzüglich zu treffen.

2.) *Politische Möglichkeiten für den Beginn der Aktion*

Als Voraussetzung für den beabsichtigten Überfall sind notwendig

a) ein geeigneter äußerer Anlaß und damit
b) eine genügende politische Rechtfertigung,
c) ein für den Gegner unerwartetes Handeln, das ihn in einem möglichst geringen Bereitschaftsgrad trifft.

Militärisch und politisch am günstigsten ist blitzschnelles Handeln auf Grund eines Zwischenfalls, durch den

Deutschland in unerträglicher Weise provoziert wurde und der wenigstens einem Teil der Weltöffentlichkeit gegenüber die moralische Rechtfertigung zu militärischen Maßnahmen gibt.

Aber auch eine etwa dem Krieg vorausgehende Zeit diplomatischer Spannungen muß durch plötzliches, dem Zeitpunkt und Umfang nach überraschendes Handeln unsererseits ihren Abschluß finden, bevor der Gegner sich einen nicht mehr einzuholenden Vorsprung in der militärischen Bereitschaft sichert. [...]

(gez.) Adolf Hitler
Für die Richtigkeit der Abschrift:
Zeitzler, Oberstleutnant des Generalstabs

D: Akten zur deutschen auswärtigen Politik. Serie D: 1937–1941. Bd. II: 1937 bis 1938: Deutschland und die Tschechoslowakai. Hrsg. von Walter Bußmann. Göttingen: Vandenhoeck & Ruprecht, 1950. S. 282–285.

23
Deutsch-sowjetischer Nichtangriffspakt (23. August 1939)

Der unter dem Namen »Hitler-Stalin-Pakt« bekanntgewordene Vertrag war die letzte außenpolitische Absicherung von Hitlers Kriegskurs und führte eine gute Woche später mit dem deutschen Überfall auf Polen zum Ausbruch des Zweiten Weltkriegs.

Die Deutsche Reichsregierung und die Regierung der Union der Sozialistischen Sowjetrepubliken, geleitet von dem

Wunsche, die Sache des Friedens zwischen Deutschland und der UdSSR zu festigen und ausgehend von den grundlegenden Bestimmungen des Neutralitätsvertrages, der im April 1926 zwischen Deutschland und der UdSSR geschlossen wurde, sind zu nachstehender Vereinbarung gelangt:

Artikel I. Die beiden Vertragschließenden Teile verpflichten sich, sich jeden Gewaltakts, jeder aggressiven Handlung und jedes Angriffs gegen einander, und zwar sowohl einzeln als auch gemeinsam mit anderen Mächten, zu enthalten.

Artikel II. Falls einer der Vertragschließenden Teile Gegenstand kriegerischer Handlungen seitens einer dritten Macht werden sollte, wird der andere Vertragschließende Teil in keiner Form diese dritte Macht unterstützen.

Artikel III. Die Regierungen der beiden Vertragschließenden Teile werden künftig fortlaufend zwecks Konsultation in Fühlung miteinander bleiben, um sich gegenseitig über Fragen zu informieren, die ihre gemeinsamen Interessen berühren.

[...]

Geheimes Zusatzprotokoll

Aus Anlaß der Unterzeichnung des Nichtangriffsvertrages zwischen dem Deutschen Reich und der Union der Sozialistischen Sowjetrepubliken haben die unterzeichneten Bevollmächtigten der beiden Teile in streng vertraulicher

Aussprache die Frage der Abgrenzung der beiderseitigen Interessensphären in Osteuropa erörtert. Diese Aussprache hat zu folgendem Ergebnis geführt:

1. Für den Fall einer territorial-politischen Umgestaltung in den zu den baltischen Staaten (Finnland, Estland, Lettland, Litauen) gehörenden Gebieten bildet die nördliche Grenze Litauens zugleich die Grenze der Interessensphären Deutschlands und der UdSSR. Hierbei wird das Interesse Litauens am Wilnaer Gebiet beiderseits anerkannt.

2. Für den Fall einer territorial-politischen Umgestaltung der zum polnischen Staate gehörenden Gebiete werden die Interessensphären Deutschlands und der UdSSR ungefähr durch die Linie der Flüsse Narew, Weichsel und San abgegrenzt.

Die Frage, ob die beiderseitigen Interessen die Erhaltung eines unabhängigen polnischen Staates erwünscht erscheinen lassen und wie dieser Staat abzugrenzen wäre, kann endgültig erst im Laufe der weiteren politischen Entwicklung geklärt werden.

In jedem Falle werden beide Regierungen diese Frage im Wege einer freundschaftlichen Verständigung lösen.

3. Hinsichtlich des Südostens Europas wird von sowjetischer Seite das Interesse an Bessarabien betont. Von deutscher Seite wird das völlige politische Desinteressement an diesen Gebieten erklärt.

4. Dieses Protokoll wird von beiden Seiten streng geheim behandelt werden.

Moskau, den 23. August 1939

Für die Deutsche Reichsregierung:
v. Ribbentrop
In Vollmacht der Regierung der UdSSR:
W. Molotow

D: Akten zur deutschen auswärtigen Politik. Serie D: 1937–1941. Bd. VII: 9. August bis 3. September: Die letzten Wochen vor Kriegsausbruch. Hrsg. von Walter Bußmann. Göttingen: Vandenhoeck & Ruprecht, 1956. S. 205–207.

24
Der »Kommissarbefehl« des Oberkommandos der Wehrmacht (6. Juni 1941)

Der von Hitler als »Vernichtungskrieg« im Osten geplante Feldzug gegen die UdSSR war von Anfang an durch die völkerrechtswidrige Behandlung von Kriegsgefangenen und Zivilisten gekennzeichnet. Ein Beispiel ist der »Kommissarbefehl«, der den Umgang mit den politischen Funktionären in den sowjetischen Truppen zum Inhalt hat.

Richtlinien für die Behandlung politischer Kommissare

Im Kampf gegen den Bolschewismus ist mit einem Verhalten des Feindes nach den Grundsätzen der Menschlichkeit oder des Völkerrechts *nicht* zu rechnen. Insbesondere ist von den *politischen Kommissaren aller Art* als den eigentlichen Trägern des Widerstandes eine haßerfüllte, grausame und unmenschliche Behandlung unserer Gefangenen zu erwarten.

Die Truppe muß sich bewußt sein:

1. In diesem Kampf ist Schonung und völkerrechtliche Rücksichtnahme diesen Elementen gegenüber falsch. Sie sind eine Gefahr für die eigene Sicherheit und die schnelle Befriedung der eroberten Gebiete.

2. Die Urheber barbarisch asiatischer Kampfmethoden sind die politischen Kommissare. Gegen diese muß daher *sofort* und ohne weiteres mit aller Schärfe vorgegangen werden.

Sie sind daher, wenn im *Kampf* oder *Widerstand* ergriffen, grundsätzlich sofort mit der Waffe zu erledigen.

Im übrigen gelten folgende Bestimmungen:

I. Operationsgebiet

1. Politische Kommissare, die sich *gegen unsere Truppe wenden*, sind entsprechend dem »Erlaß über die Ausübung der Gerichtsbarkeit im Gebiet Barbarossa« zu behandeln. Dies gilt für Kommissare jeder Art und Stellung, auch wenn sie nur des Widerstandes, der Sabotage oder der Anstiftung hierzu verdächtig sind.

Auf die »Richtlinien über das Verhalten der Truppe in Rußland« wird verwiesen.

2. Politische Kommissare als *Organe der feindlichen Truppe* sind kenntlich an besonderen Abzeichen – roter Stern mit golden eingewebtem Hammer und Sichel auf den Ärmeln – [...]. Sie sind aus den Kriegsgefangenen *sofort*, d. h. noch auf dem Gefechtsfelde, abzusondern. Dies ist notwendig, um ihnen jede Einflußmöglichkeit auf die gefangenen Soldaten abzunehmen. Diese Kommissare werden nicht als Soldaten anerkannt; der für die Kriegsgefangenen völkerrechtlich geltende Schutz findet auf sie kei-

ne Anwendung. Sie sind nach durchgeführter Absonderung zu erledigen.

D: Hans-Adolf Jacobsen: Kommissarbefehl und Massenexekutionen sowjetischer Kriegsgefangener. In: Hans Buchheim [u. a.]: Anatomie des SS-Staates. Bd. 2. Olten / Freiburg i. Br.: Walter, 1965. S. 225.

25
Rede von Joseph Goebbels zur Proklamation des »totalen Kriegs« (18. Februar 1943)

Vor ausgewählten Anhängern des NS-Regimes verkündete Propagandaminister Goebbels im Berliner Sportpalast den »totalen Krieg« und versetzte die Zuhörer – massenpsychologisch geschickt inszeniert – in einen Begeisterungstaumel. Wenige Wochen zuvor waren die Nachrichten von der Niederlage der 6. Armee in Stalingrad ins Reich gedrungen.

Meine deutschen Volksgenossen und Volksgenossinnen!
Parteigenossen und Parteigenossinnen!

Es ist jetzt knapp drei Wochen her, daß ich das letztemal bei Gelegenheit der Verlesung der Proklamation des Führers zum Zehnjahrestag der Machtergreifung von dieser Stelle aus zu Ihnen und zum deutschen Volke gesprochen habe. Die Krise, in der sich unsere Ostfront augenblicklich befindet, stand damals auf dem Höhepunkt. Wir hatten uns im Zeichen des harten Unglücksschlages, von dem die Nation im Kampf um die Wolga betroffen wurde, am 30. Januar dieses Jahres zusammengefunden zu einer Kundgebung der Einheit, der Geschlossenheit, aber auch der festen

Willenskraft, mit den Schwierigkeiten, die dieser Krieg in seinem vierten Jahre vor uns auftürmt, fertigzuwerden.

[...]

Der Ansturm der Steppe gegen unseren ehrwürdigen Kontinent ist in diesem Winter mit einer Wucht losgebrochen, die alle menschlichen und geschichtlichen Vorstellungen in den Schatten stellt. Die deutsche Wehrmacht bildet dagegen mit ihren Verbündeten den *einzigen* überhaupt in Frage kommenden Schutzwall. Der Führer hat schon in seiner Proklamation zum 30. Januar mit ernsten und eindringlichen Worten die Frage aufgeworfen, was aus Deutschland und Europa geworden wäre, wenn am 30. Januar 1933 statt der nationalsozialistischen Bewegung ein bürgerliches oder ein demokratisches Regime die Macht übernommen hätte. [...]

Ich wende mich in meinen Ausführungen zuerst an die Weltöffentlichkeit und proklamiere ihr gegenüber die Thesen unseres Kampfes gegen die bolschewistische Gefahr im Osten. Die erste dieser drei Thesen lautet: Wäre die deutsche Wehrmacht *nicht* in der Lage, die Gefahr aus dem Osten zu *brechen*, so wäre damit das *Reich* und in kurzer Folge *ganz Europa* dem Bolschewismus verfallen [Beifall]. Die zweite dieser drei Thesen lautet: Die deutsche Wehrmacht und das deutsche Volk *allein* besitzen mit ihren Verbündeten die Kraft, eine grundlegende Rettung Europas aus dieser Bedrohung durchzuführen [Beifall]. Die dritte dieser Thesen lautet: *Gefahr ist im Verzuge*, es muß *schnell* und *gründlich* gehandelt werden, *sonst* ist es zu *spät!* [Bravo-Rufe, Beifall.]

[...]

Man wird, um das hier nur nebenbei zu erwähnen, in diesem Zusammenhang auch unsere konsequente Judenpolitik verstehen können, auch wenn die Juden heute in Berlin ihre alte Mitleidsgarde vorschicken [Zwischenrufe: »Aufhängen!«]. Wir sehen im Judentum für *jedes* Land eine unmittelbare Gefahr gegeben! [Rufe: »Aufhängen!«, »Pfui!« Beifall.] Wie *andere* Völker sich gegen diese Gefahr zur Wehr setzen, – das ist uns gleichgültig. *Wie wir* uns aber dagegen zur Wehr setzen, das ist unsere Sache, in die wir keinerlei *Einsprüche dulden!* [Bravo-Rufe, Beifall, Zwischenruf.] Das Judentum steckt eine –, das Judentum stellt eine infektiöse Erscheinung dar, die ansteckend wirkt. Wenn das feindliche Ausland gegen unsere antijüdische Politik scheinheilig Protest erhebt und über unsere Maßnahmen gegen das Judentum heuchlerische Krokodilstränen vergießt, so kann uns das nicht daran hindern, das Notwendigste zu tuen. Deutschland jedenfalls hat nicht die Absicht, sich dieser jüdischen Bedrohung zu beugen, sondern vielmehr die, ihr *rechtzeitig*, wenn nötig unter *vollkommener* und *radikalster Ausrott-, -schaltung* des Judentums, entgegenzutreten! [Starker Beifall, wilde Rufe, Gelächter.] [...]

[...]

Was hier vor mir sitzt, ist ein Ausschnitt aus dem ganzen deutschen Volke an der Front und in der Heimat, – stimmt das? [Stürmische Rufe: »Ja!« Anhaltender Beifall.] Allerdings – *Juden* sind hier *nicht vertreten!* [Starker Beifall, Zurufe.]

Ihr also, meine Zuhörer, repräsentiert in diesem Augenblick für das Ausland die *Nation!* Und an *Euch* möchte ich *zehn Fragen* richten, die *Ihr* mit dem deutschen Volke vor der *ganzen Welt, insbesondere aber vor unseren Feinden, die uns auch in dieser Stunde an ihrem Rundfunk zuhören, beantworten müßt! Wollt ihr das?* [Stürmische Rufe: »Ja!«]

Die Engländer behaupten, das deutsche Volk habe den Glauben an den Sieg verloren [stürmische Rufe: »Nein!«, »Nie!«, »Niemals!«]. Ich frage Euch: Glaubt Ihr mit dem Führer und mit uns an den *endgültigen, totalen Sieg der deutsche Waffen?* [Stürmische Rufe: »Ja!« Starker Beifall, Sprechchöre: »Sieg Heil! Sieg Heil!«] Ich frage Euch: Seid Ihr entschlossen, dem Führer in der Erkämpfung des Sieges durch *dick und dünn* und unter Aufnahme auch der *schwersten persönlichen Belastungen* zu folgen? [Stürmische Rufe: »Ja!« Starker Beifall, Sprechchöre: »Sieg Heil!«, »Wir grüßen unsern Führer!«]

Zweitens: Die Engländer behaupten, das deutsche Volk sei des *Kampfes müde* [Rufe: »Nein!«, »Pfui!«]. Ich frage Euch: Seid Ihr bereit, mit dem Führer, als Phalanx der Heimat hinter der kämpfenden Wehrmacht stehend, *diesen Kampf* mit *wilder Entschlossenheit* und *unbeirrt* durch *alle Schicksalsfügungen* fortzusetzen, bis der Sieg in unsern Händen ist? [Stürmische Rufe: »Ja!« Starker Beifall.]

Drittens: Die Engländer behaupten, das deutsche Volk hat keine *Lust* mehr, sich der überhandnehmenden *Kriegs*arbeit, die die Regierung von ihm fordert, zu unterziehen [Pfui-Rufe]. Ich frage Euch: Soldaten, Arbeiter und Arbeiterinnen, seid Ihr und ist das deutsche Volk entschlossen, *wenn* der Führer es einmal in der *Notzeit* befehlen sollte, *zehn, zwölf,* wenn nötig *vierzehn und sechzehn Stunden täglich zu arbeiten und das Letzte für den Sieg herzugeben?* [Stürmische Rufe: »Ja!« Starker Beifall.]

Viertens: Die Engländer behaupten, das deutsche Volk wehrt sich gegen die totalen Kriegsmaßnahmen der Regierung [Rufe: »Nein!«]. Es will nicht den *totalen Krieg,* sagen die Engländer, sondern die *Kapitulation!* [Stürmische Rufe, u. a.: »Nein!«, »Pfui!«] Ich frage Euch: *Wollt Ihr den totalen Krieg?* [Stürmische Rufe: »Ja!« Starker Beifall.] Wollt ihr ihn [Rufe: »Wir wollen ihn!«], wenn nötig, *totaler und radikaler, als wir ihn uns heute überhaupt erst vorstellen können?* [Stürmische Rufe: »Ja!« Beifall.]

Fünftens: Die Engländer behaupten, das deutsche Volk hat sein Vertrauen zum *Führer verloren!* [Stürmische Empörung und Pfui-Rufe, lang anhaltender Lärm.] Ich frage Euch – [Sprechchöre: »Führer befiehl, wir folgen!« Heilrufe], ich frage Euch: *Vertraut Ihr dem Führer?* [Rufe, u. a.: »Ja!«] Ist Eure Bereitschaft, ihm *auf allen seinen Wegen zu folgen und alles zu tuen, was nötig ist, um den Krieg zum siegreichen Ende zu führen, eine absolute und uneingeschränkte?* [Lebhafte Rufe: »Ja!«]

Ich frage Euch als Sechstes: Seid Ihr von nun ab bereit, Eure ganze Kraft einzusetzen und der *Ostfront, unsern kämpfenden Vätern und Brüdern, die Menschen und Waffen zur Verfügung zu stellen, die sie brauchen*, um den *Bolschewismus zu besiegen? Seid Ihr dazu bereit?* [Rufe: »Ja!« Starker Beifall, Zurufe.]

Ich frage Euch als Siebentes: Gelobt Ihr mit heiligem Eid der Front, daß die Heimat mit *starker, unerschütterlicher Moral* hinter der Front steht und ihr *alles geben* wird, was sie zum Siege nötig hat? [Rufe: »Ja!« Starker Beifall.]

Ich frage Euch achtens: Wollt Ihr, insbesondere Ihr Frauen selbst, daß die Regierung dafür sorgt, daß auch die *letzte* Arbeitskraft *auch* der Frau der Kriegführung zur *Verfügung* gestellt wird [Rufe weiblicher Stimmen: »Ja!«] und daß die Frau *überall* da, wo es nur *möglich* ist, *einspringt*, um *Männer für die Front freizumachen? Wollt Ihr das?* [Stürmische Rufe, insbesondere weiblicher Stimmen: »Ja!« Starker Beifall.]

Ich frage Euch neuntens: *Billigt Ihr*, wenn nötig, die *radikalsten* Maßnahmen gegen einen kleinen Kreis von *Drückebergern und Schiebern* [stürmische Rufe: »Ja!« Starker Beifall, Zurufe], die mitten im Kriege *Frieden* spielen wollen und die Not des Volkes zu eigensüchtigen Zwecken ausnutzen? [Rufe: »Aufhängen!« Geschrei.] *Seid Ihr damit einverstanden* [Rufe: »Jawohl!«], *daß, wer sich am Kriege vergeht, den Kopf verliert?* [Stürmische Rufe: »Ja!« Starker Beifall.]

Und nun frage ich Euch zehntens und zuletzt: Wollt Ihr, daß, wie das nationalsozialistische Parteiprogramm das vorschreibt, gerade im Kriege *gleiche Rechte* und *gleiche Pflichten* vorherrschen [Rufe: »Ja!«], daß die Heimat die schwersten Belastungen des Krieges *solidarisch* auf ihre Schultern nimmt und daß sie für *hoch* und *niedrig* und *arm* und *reich* in *gleicher Weise* verteilt werden? Wollt Ihr das? [Stürmische Rufe: »Ja!« Stürmischer Beifall.] [...]

D: Goebbels-Reden. Hrsg. von Helmut Heiber. Bd. 2: 1939–1945. Düsseldorf: Droste, 1972. S. 172–208. – Mit Genehmigung von Cordula Schacht, Bernau.

26

Abschiedsworte des Generalmajors Henning von Tresckow (21. Juli 1944)

Von Tresckow, der zwar nicht unmittelbar beim Attentat auf Hitler mitgewirkt hatte, aber in die Umsturzplanungen involviert war, nahm sich einen Tag nach dem Scheitern des Attentats das Leben, weil er fürchtete, nach seiner bevorstehenden Verhaftung unter Folter Namen von Mitverschwö-

rern zu verraten. Seine letzten Worte hat ein befreundeter Offizier überliefert.

Jetzt wird die ganze Welt über uns herfallen und uns beschimpfen. Aber ich bin nach wie vor der felsenfesten Überzeugung, daß wir recht gehandelt haben. Ich halte Hitler nicht nur für den Erzfeind Deutschlands, sondern auch für den Erzfeind der Welt. Wenn ich in wenigen Stunden vor den Richterstuhl Gottes treten werde, um Rechenschaft abzulegen über mein Tun und mein Unterlassen, so glaube ich mit gutem Gewissen das vertreten zu können, was ich im Kampf gegen Hitler getan habe. Wenn einst Gott Abraham verheißen hat, er werde Sodom nicht verderben, wenn auch nur zehn Gerechte darin seien, so hoffe ich, daß Gott auch Deutschland um unsertwillen nicht vernichten wird. Niemand von uns kann über seinen Tod Klage führen. Wer in unseren Kreis getreten ist, hat damit das Nessushemd angezogen. Der sittliche Wert eines Menschen beginnt erst dort, wo er bereit ist, für seine Überzeugung sein Leben hinzugeben.

D: Fabian v. Schlabrendorff: Offiziere gegen Hitler. Neue, durchges. und erw. Aufl. Berlin: Siedler, 1984. S. 129.

27

Letztes Flugblatt der »Weißen Rose« (Februar 1943)

Den Entwurf des letzten Flugblatts hatte Professor Kurt Huber geschrieben. Hans Scholl und Alexander Schmorell hatten Korrekturen angebracht.

Kommilitoninnen! Kommilitonen!

Erschüttert steht unser Volk vor dem Untergang der Männer von Stalingrad. Dreihundertdreißigtausend deutsche Männer hat die geniale Strategie des Weltkriegsgefreiten sinn- und verantwortungslos in Tod und Verderben gehetzt. Führer, wir danken dir!

Es gärt im deutschen Volk: Wollen wir weiter einem Dilettanten das Schicksal unserer Armeen anvertrauen? Wollen wir den niedrigsten Machtinstinkten einer Parteiclique den Rest unserer deutschen Jugend opfern? Nimmermehr! Der Tag der Abrechnung ist gekommen, der Abrechnung der deutschen Jugend mit der verabscheuungswürdigsten Tyrannis, die unser Volk je erduldet hat. Im Namen des ganzen deutschen Volkes fordern wir vom Staat Adolf Hitlers die persönliche Freiheit, das kostbarste Gut der Deutschen zurück, um das er uns in der erbärmlichsten Weise betrogen.

In einem Staat rücksichtsloser Knebelung jeder freien Meinungsäußerung sind wir aufgewachsen. HJ, SA und SS haben uns in den fruchtbarsten Bildungsjahren unseres Lebens zu uniformieren, zu revolutionieren, zu narkotisieren versucht. ›Weltanschauliche Schulung‹ hieß die verächtliche Methode, das aufkeimende Selbstdenken und Selbstwerten in einem Nebel leerer Phrasen zu ersticken. Eine Führerauslese, wie sie teuflischer und zugleich bornierter nicht gedacht werden kann, zieht ihre künftigen Parteibonzen auf Ordensburgen zu gottlosen, schamlosen und gewissenlosen Ausbeutern und Mordbuben heran, zur blinden, stupiden Führergefolgschaft. Wir ›Arbeiter des Geistes‹ wären gerade recht, dieser neuen Herrenschicht den Knüppel zu machen. Frontkämpfer werden von Studentenführern und Gauleiteraspiranten wie Schulbuben gemaßregelt, Gauleiter greifen mit geilen Späßen den Studentinnen an die Ehre. [...]

Es gibt für uns nur eine Parole: Kampf gegen die Partei! Heraus aus den Parteigliederungen, in denen man uns politisch weiter mundtot halten will! Heraus aus den Hörsälen der SS-Unter- und -Oberführer und Parteikriecher! Es geht uns um wahre Wissenschaft und echte Geistesfreiheit! Kein Drohmittel kann uns schrecken, auch nicht die Schließung unserer Hochschulen. Es gilt den Kampf jedes einzelnen von uns um unsere Zukunft, unsere Freiheit und Ehre in einem seiner sittlichen Verantwortung bewußten Staatswesen.

Freiheit und Ehre! Zehn lange Jahre haben Hitler und seine Genossen die beiden herrlichen deutschen Worte bis zum Ekel ausgequetscht, abgedroschen, verdreht, wie es nur Dilettanten vermögen, die die höchsten Werte einer Nation vor die Säue werfen. Was ihnen Freiheit und Ehre gilt, das haben sie in zehn Jahren der Zerstörung aller materiellen und geistigen Freiheit, aller sittlichen Substanz im deutschen Volk genugsam gezeigt. Auch dem dümmsten Deutschen hat das furchtbare Blutbad die Augen geöffnet, das sie im Namen von Freiheit und Ehre der deutschen Nation in ganz Europa angerichtet haben und täglich neu anrichten. Der deutsche Name bleibt für immer geschändet, wenn nicht die deutsche Jugend endlich aufsteht, rächt und sühnt zugleich, ihre Peiniger zerschmettert und ein neues geistiges Europa aufrichtet. Studentinnen! Studenten! Auf uns sieht das deutsche Volk! Von uns erwartet es, wie 1813 die Brechung des Napoleonischen, so 1943 die Brechung des nationalsozialistischen Terrors aus der Macht des Geistes. Beresina und Stalingrad flammen im Osten auf, die Toten von Stalingrad beschwören uns!

»Frisch auf mein Volk, die Flammenzeichen rauchen!«

Unser Volk steht im Aufbruch gegen die Verknechtung Europas durch den Nationalsozialismus, im neuen gläubigen Durchbruch von Freiheit und Ehre.

D: Inge Scholl: Die Weiße Rose. Erw. Neuausg. Frankfurt a. M.: S. Fischer, [7]1982. S. 96–121.

28

Aus Hitlers »politischem Testament« (29. April 1945)

Wenige Stunden vor seinem Selbstmord diktierte Hitler ein kurzes privates und ein ausführliches politisches Testament, in dem er sein Handeln nochmals zu rechtfertigen und seine Nachfolger auf seine Ziele zu verpflichten suchte.

[…] Es ist unwahr, daß ich oder irgendjemand anderer in Deutschland den Krieg im Jahre 1939 gewollt habe. Er wurde gewollt und angestiftet ausschließlich von jenen internationalen Staatsmännern, die entweder jüdischer Herkunft waren oder für jüdische Interessen arbeiteten. Ich habe zu viele Angebote zur Rüstungsbeschränkung und Rüstungsbegrenzung gemacht, die die Nachwelt nicht auf alle Ewigkeiten wegzuleugnen vermag, als daß die Verantwortung für den Ausbruch dieses Krieges auf mir lasten könnte. Ich habe weiter nie gewollt, daß nach dem ersten unseligen Weltkrieg ein zweiter gegen England oder gar gegen Amerika entsteht. Es werden Jahrhunderte vergehen, aber aus den Ruinen unserer Städte und Kunstdenkmäler wird sich der Haß gegen das letzten Endes verantwortliche Volk immer wieder erneuern, dem wir das alles zu verdanken haben: dem internationalen Judentum und seinen Helfern. […]

[Ich] will […] nicht Feinden in die Hände fallen, die zur Belustigung ihrer verhetzten Massen ein neues, von Juden inszeniertes Schauspiel benötigen. Ich hatte mich daher entschlossen, in Berlin zu bleiben und dort aus freien Stücken in dem Augenblick den Tod zu wählen, in dem ich glaube, daß der Sitz des Führers und Kanzlers selbst nicht mehr gehalten werden kann. Ich sterbe mit freudigem Herzen angesichts der mir bewußten unermeßlichen Taten und Leistungen unserer Soldaten an der Front, unserer Frauen zu Hause, den Leistungen unserer Bauern und Arbeiter und dem in der Geschichte einmaligen Einsatz unserer Jugend, die meinen Namen trägt.

[…]

Von allen Deutschen, allen Nationalsozialisten, Männern und Frauen und allen Soldaten der Wehrmacht verlange ich, dass sie der neuen Regierung und ihren Präsidenten treu und gehorsam sein werden bis in den Tod. Vor allem verpflichte ich die Führung der Nation und die Gefolgschaft zur peinlichen Einhaltung der Rassegesetze und zum unbarmherzigen Widerstand gegen den Weltvergifter aller Völker, das internationale Judentum.

Gegeben zu Berlin, den 29. April 1945, 4 Uhr Adolf Hitler

D: Geschichte in Quellen. Bd. 5: Weltkriege und Revolutionen 1914–1945. Bearbeitet von Günter Schönbrunn. München: Bayerischer Schulbuch-Verlag, 1961. S. 545–547.

Literatur

Eine Übersicht über neuere Literatur geben die Berichte der in vielen Schulbibliotheken vorhandenen Zeitschrift *Geschichte in Wissenschaft und Unterricht*. Online informiert man sich am besten unter http://hsozkult.geschichte.hu-berlin.de oder http://www.sehepunkte.de. Das »Deutsche Historische Museum« und das »Haus der Geschichte der Bundesrepublik Deutschland« betreiben unter http://www.hdg.de/lemo/home.html eine Online-Plattform, die wichtige Informationen gut lesbar aufbereitet. (Alle Adressen letztmals abgerufen am 16. Februar 2015.)

Aly, Götz Aly: Hitlers Volksstaat. Anmerkungen zum Klassencharakter des Nationalsozialismus. Rede zur Verleihung des Heinrich-Mann-Preises der Akademie der Künste 2002. Online unter http://www.perlentaucher.de/essay/hitlers-volksstaat.html.

– Hitlers Volksstaat. Raub, Rassenkrieg und nationaler Sozialismus. Frankfurt am Main 2005.

Bauman, Zygmunt: Ist der Holocaust wiederholbar? Wiesbaden 1994.

Benz, Wolfgang: Geschichte des Dritten Reiches. München 2000.

Browning, Christopher: Ganz normale Männer. Das Reserve-Polizeibataillon 101 und die »Endlösung« in Polen. Reinbek bei Hamburg 1993.

– Judenmord. NS-Politik, Zwangsarbeit und das Verhalten der Täter. Frankfurt am Main 2001.

Erdmann, Karl-Dietrich: Die Zeit der Weltkriege (Handbuch der deutschen Geschichte. 9. Aufl. Bd. 4). Stuttgart 1976.

Evans, Richard J.: Das Dritte Reich. 3 Bde. München 2004–2009.

Fraenkel, Ernst: Der Doppelstaat. Frankfurt am Main 1984.

Friedländer, Saul: Das Dritte Reich und die Juden. 2 Bde. München 1998/2006.

Funke, Manfred: Starker oder schwacher Diktator? Hitlers Herrschaft und die Deutschen. Ein Essay. Düsseldorf 1989.

Gellately, Robert: Hingeschaut und weggesehen. Hitler und sein Volk. Stuttgart 2002.

Goldhagen, Daniel Jonah: Hitlers willige Vollstrecker. Ganz gewöhnliche Deutsche und der Holocaust. Berlin 1996.

Grüttner, Michael: Das Dritte Reich 1933–1939 (Handbuch der deutschen Geschichte. 10. Aufl. Bd. 19). Stuttgart 2014.
Hachtmann, Rüdiger: Rezension zu: Götz Aly: Hitlers Volksstaat. Raub, Rassenkrieg und nationaler Sozialismus. Frankfurt am Main 2005. In: Sehepunkte 5 (2005) Nr. 7/8 (http://sehepunkte.de/2005/07/8191.html).
Haffner, Sebastian: Anmerkungen zu Hitler. München 1978.
Herbert, Ulrich: Geschichte Deutschlands im 20. Jahrhundert. München 2014 (zum Dritten Reich: S. 305–546).
Herbst, Ludolf: Das nationalsozialistische Deutschland 1933–1945 (Moderne Deutsche Geschichte 10). Frankfurt am Main 1996.
Hilberg, Raul: Die Vernichtung der europäischen Juden. 3 Bde. Frankfurt am Main [11]2010.
Hildebrand, Klaus: Das Dritte Reich (Oldenbourg Grundriss der Geschichte 17). München [7]2009.
Jäckel, Eberhard: Hitlers Weltanschauung. Entwurf einer Herrschaft. Tübingen 1969.
– Hitlers Herrschaft. Vollzug einer Weltanschauung. Stuttgart 1986a.
– Die elende Praxis der Untersteller. In: DIE ZEIT 38 (1986b) S. 3.
– / Rohwer, Jürgen (Hrsg.): Der Mord an den Juden im Zweiten Weltkrieg. Entschlußbildung und Verwirklichung. Stuttgart 1985.
– Die deutsche Kriegserklärung an die Vereinigten Staaten vom Dezember 1941. In: ders.: Umgang mit der Vergangenheit. Beiträge zur Geschichte. Stuttgart 1989. S. 171–194.
Kershaw, Ian: Hitler. Bd. 1: 1889–1936. Aus dem Engl. von Jürgen Peter Krause und Jörg W. Rademacher. Stuttgart [2]1998.
– Hitler. Bd. 2: 1936–1945. Aus dem Engl. von Klaus Kochmann. Stuttgart 2000a.
– Dem Führer entgegen arbeiten. Ein Interview von Gerhard Spörl und Klaus Wiegrefe. In: Der Spiegel 34 (2000b) S. 56–63.
Kißener, Michael: Das Dritte Reich. Darmstadt 2005.
Longerich, Peter: Holocaust. In: Wilhelm Heitmeyer (Hrsg.): Internationales Handbuch der Gewaltforschung. Wiesbaden 2002. S. 177–214.
Mommsen, Hans: Nationalsozialismus. In: Sowjetsystem und demokratische Gesellschaft. Bd. 4. Freiburg i. Br. 1971. S. 695–713.

– Nationalsozialismus oder Hitlerismus? In: Manfred Bosch (Hrsg.): Persönlichkeit und Struktur in der Geschichte. Düsseldorf 1977. S. 62–71.
– Der Nationalsozialismus und die deutsche Gesellschaft. Reinbek bei Hamburg 1991.
Müller, Rolf Dieter: Der Zweite Weltkrieg 1939–1945 (Handbuch der deutschen Geschichte. 10. Aufl. Bd. 21). Stuttgart 2004.
Neumann, Franz: Behemoth. Struktur und Praxis des Nationalsozialismus 1933–1944. Hamburg 2014.
Nipperdey, Thomas: Nachdenken über die deutsche Geschichte. München 1986.
Peukert, Dieter: Volksgenossen und Gemeinschaftsfremde. Anpassung, Ausmerze und Aufbegehren unter dem Nationalsozialismus. Köln 1982.
Piper, Ernst: Nationalsozialismus. Seine Geschichte von 1919 bis heute. Berlin 2012.
Raphael, Lutz: Imperiale Gewalt und mobilisierte Nation. Europa 1914–1945 (C.H.Beck Geschichte Europas 8). München 2011.
Rebentisch, Dieter: Führerstaat und Verwaltung im Zweiten Weltkrieg. Verfassungsentwicklung und Verwaltungspolitik 1939–1945. Stuttgart 1989.
Rothfels, Hans: Die deutsche Opposition gegen Hitler. Eine Würdigung. Krefeld 1949.
Süß, Dietmar / Süß, Winfried (Hrsg.): Das »Dritte Reich«. München 2008.
Süß, Winfried: Rezension zu: Götz Aly: Hitlers Volksstaat. Raub, Rassenkrieg und nationaler Sozialismus. Frankfurt am Main 2005. In: Sehepunkte 5 (2005) Nr. 7/8 (http://sehepunkte.de/2005/07/7698.html).
Thamer, Hans-Ulrich: Verführung und Gewalt. Deutschland 1933–1945 (Siedler deutsche Geschichte 5). Berlin 1986.
Wehler, Hans-Ulrich: Deutsche Gesellschaftsgeschichte 1914–1949. München 2003.
Wildt, Michael: Nationalsozialismus. Aufstieg und Herrschaft (Informationen zur politischen Bildung 314). Bonn 2012a.
– Nationalsozialismus. Krieg und Holocaust (Informationen zur politischen Bildung 316). Bonn 2012b.

Verzeichnis der Abbildungen